Dürfen Jungs auch Röcke tragen?

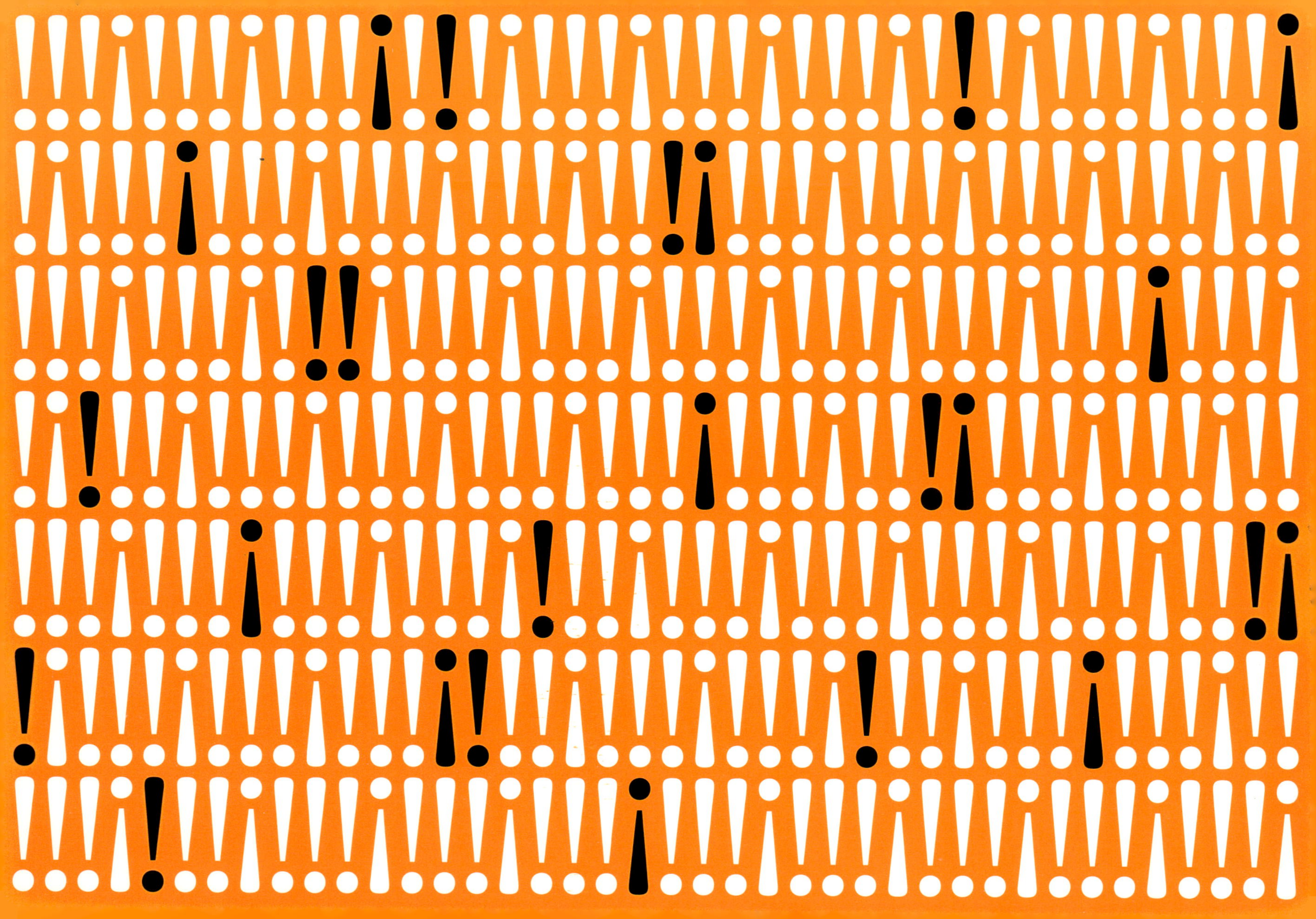

Braucht ein »richtiges Mädchen« lange Haare?

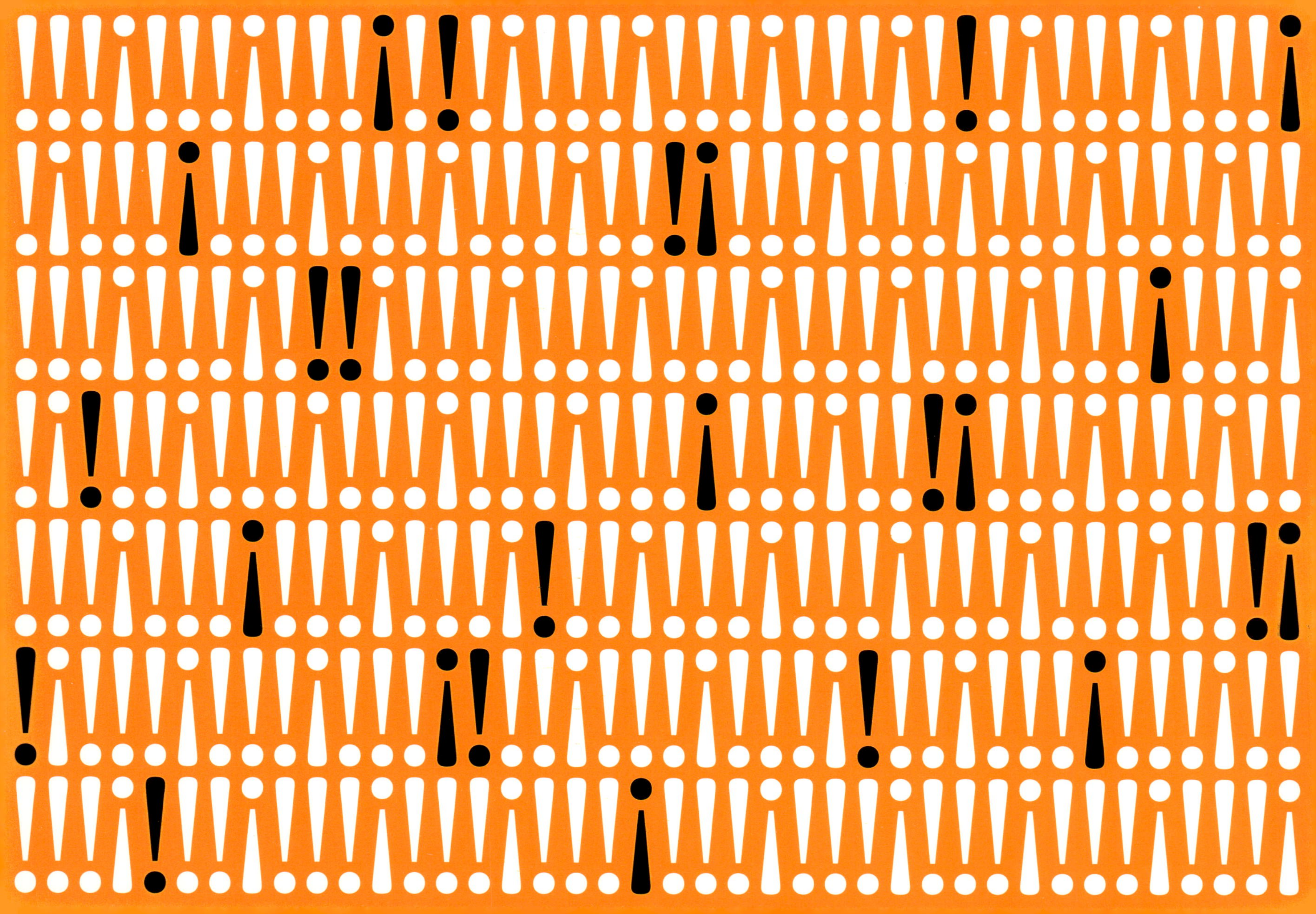

Denkst du, dass alle Menschen die gleichen Rechte besitzen sollten, unabhängig von Herkunft und Religion?

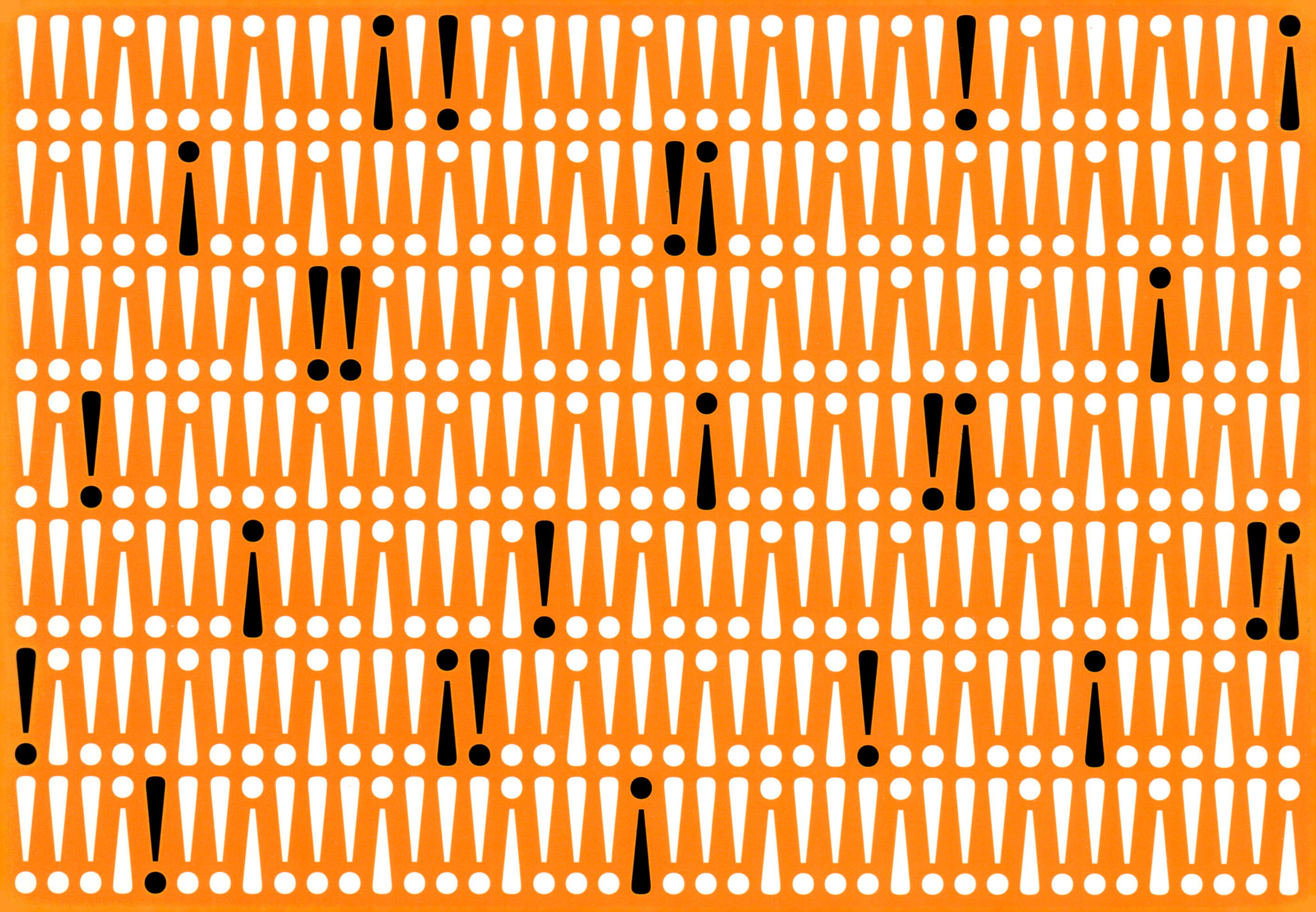

Stört es dich, zwei
sich küssende Männer
zu sehen?

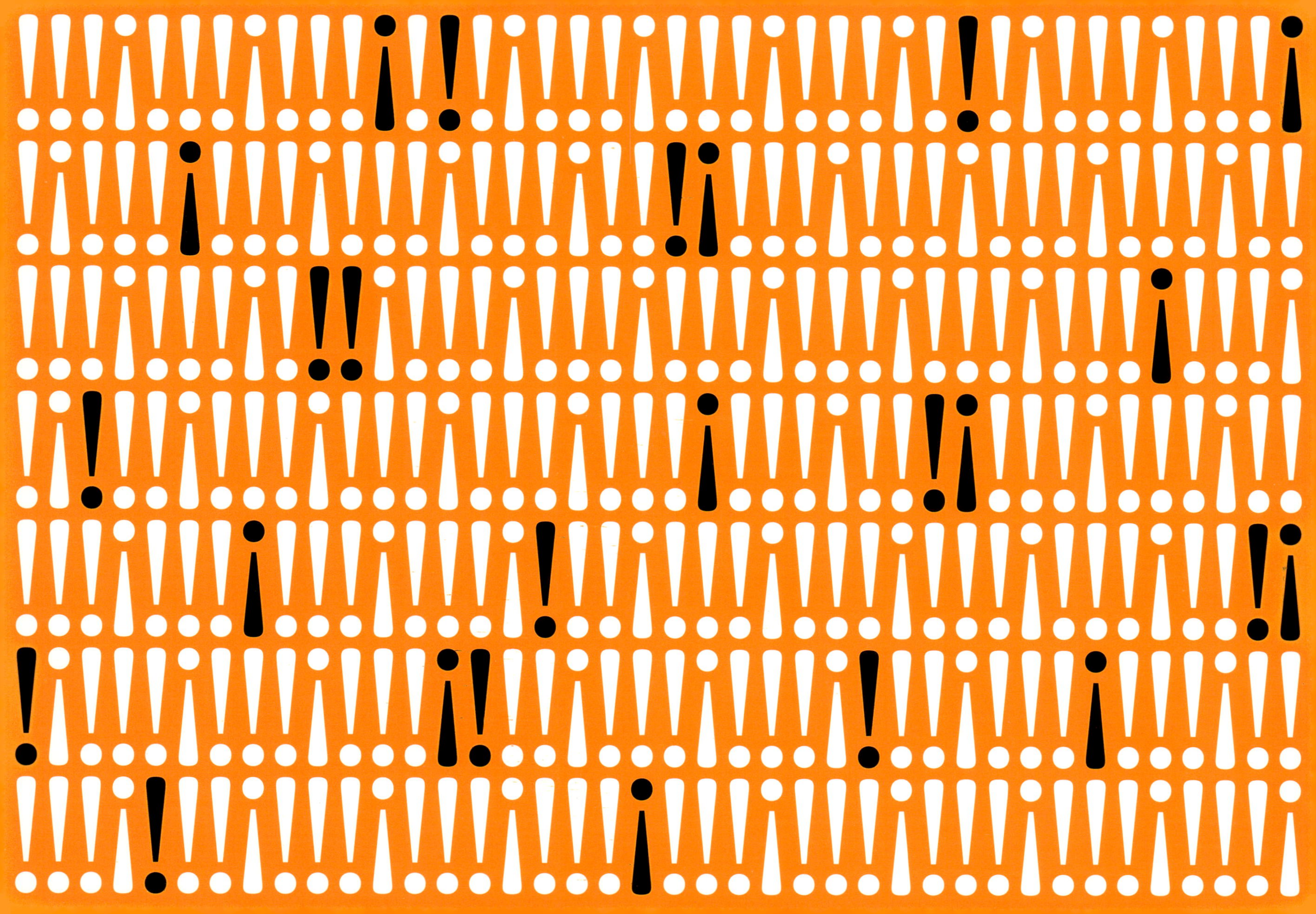

**Würdest du dich einmischen,
wenn jemand in der Bahn
blöd angemacht wird?**

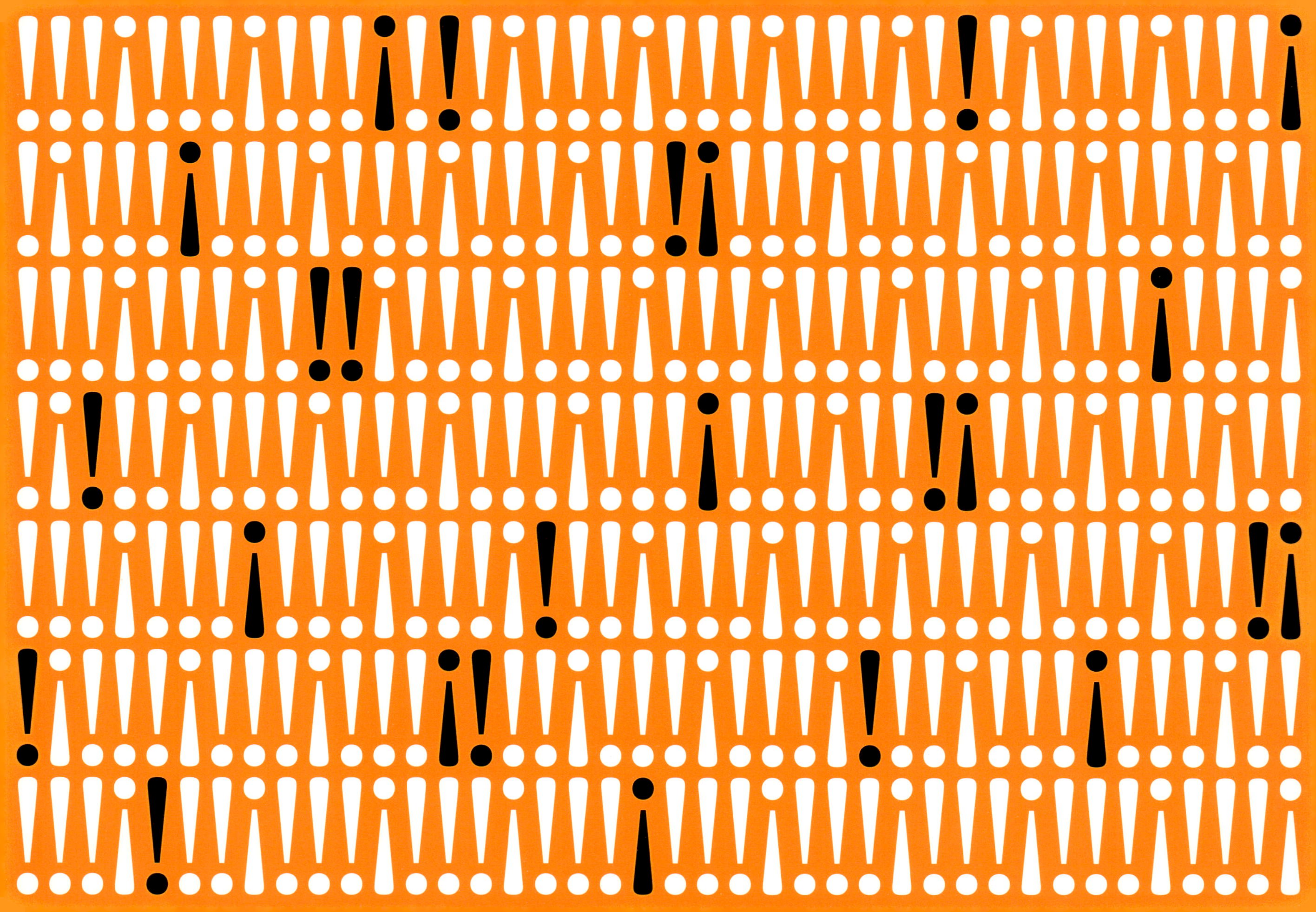

Informierst du dich täglich über aktuelle Nachrichten?

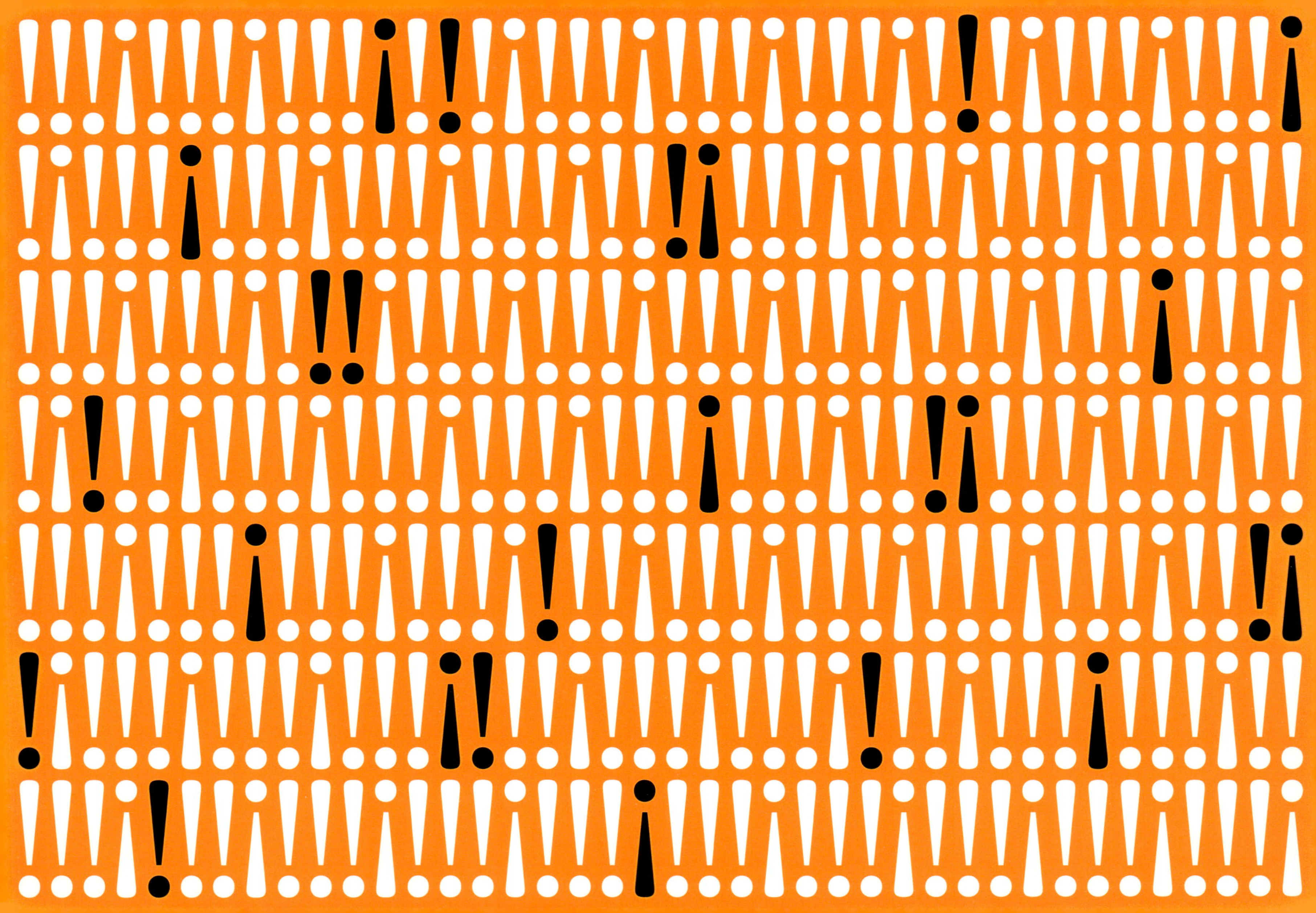

Engagierst du dich sozial
in deiner Freizeit?

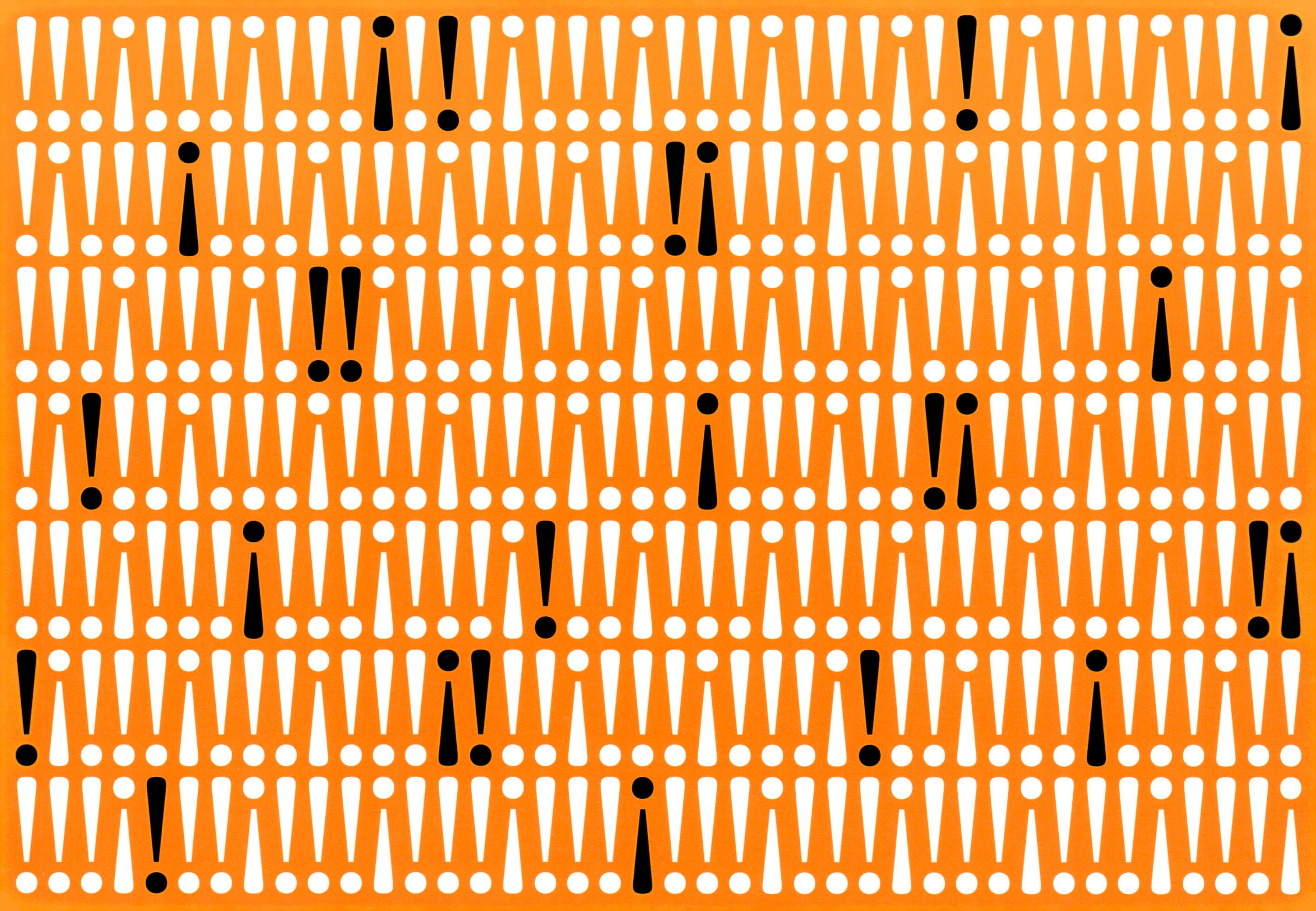

Bist du in einem Verein aktiv?

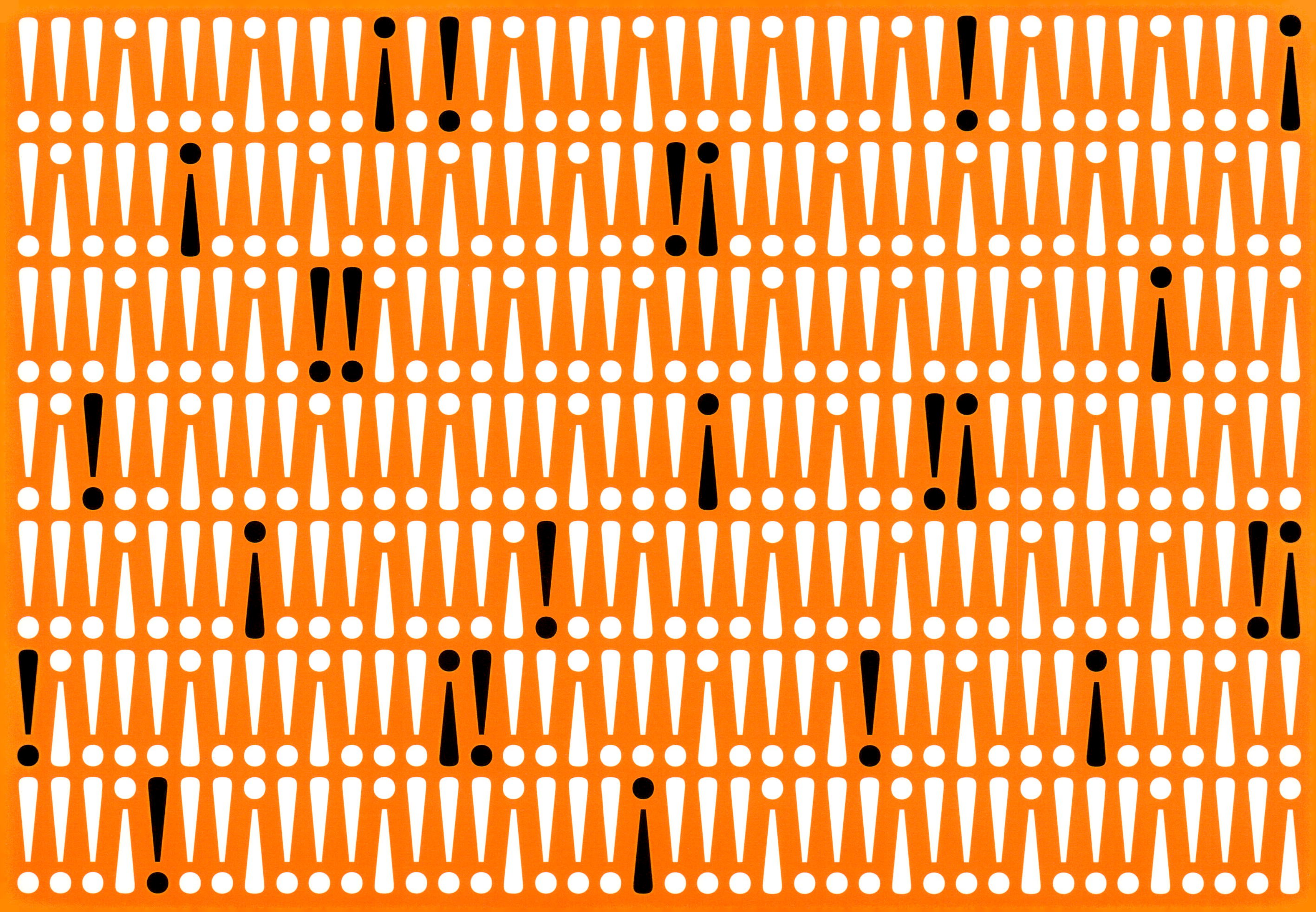

Bist du stolz auf Deutschland?

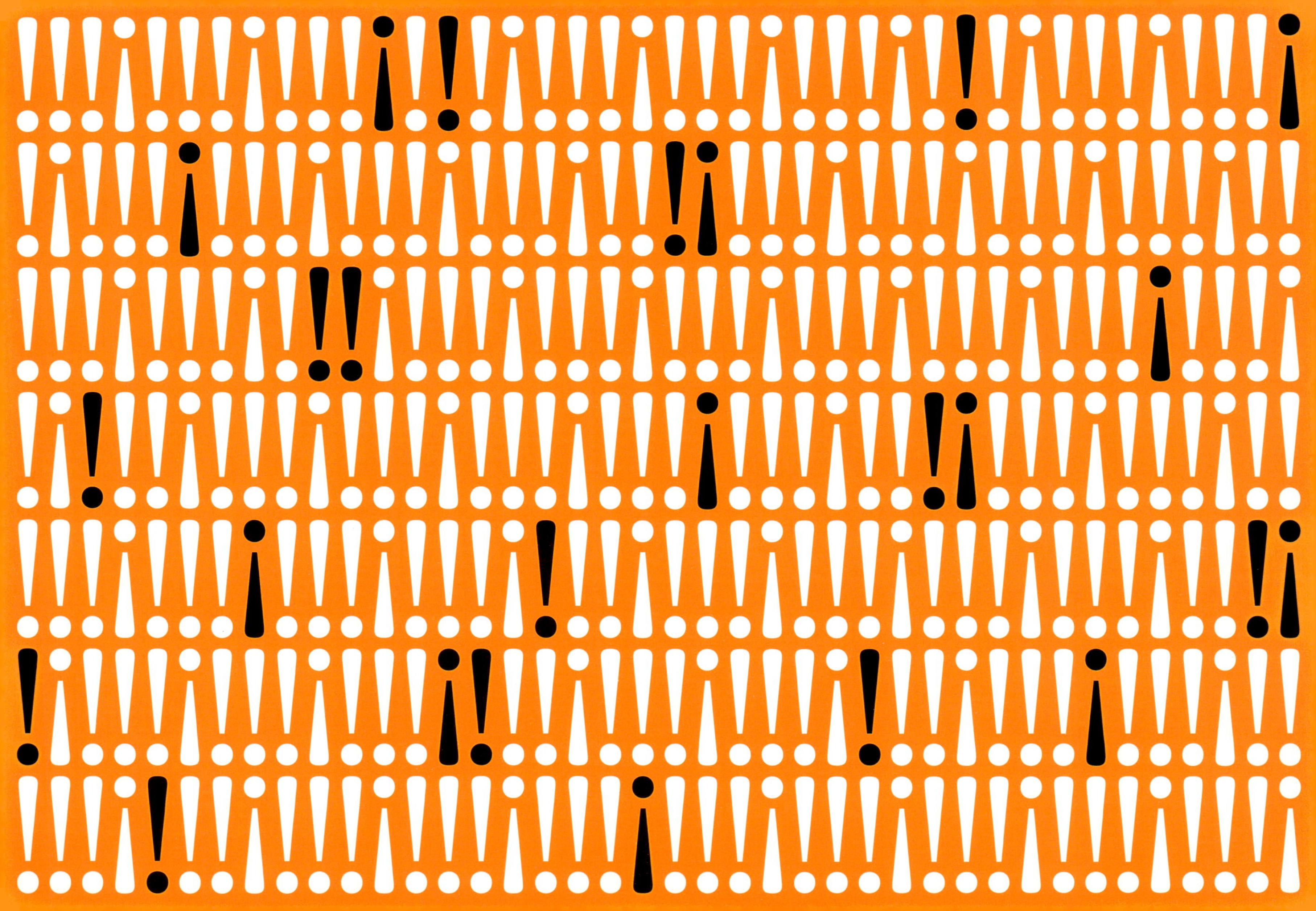

Dürfen Jungs weinen?

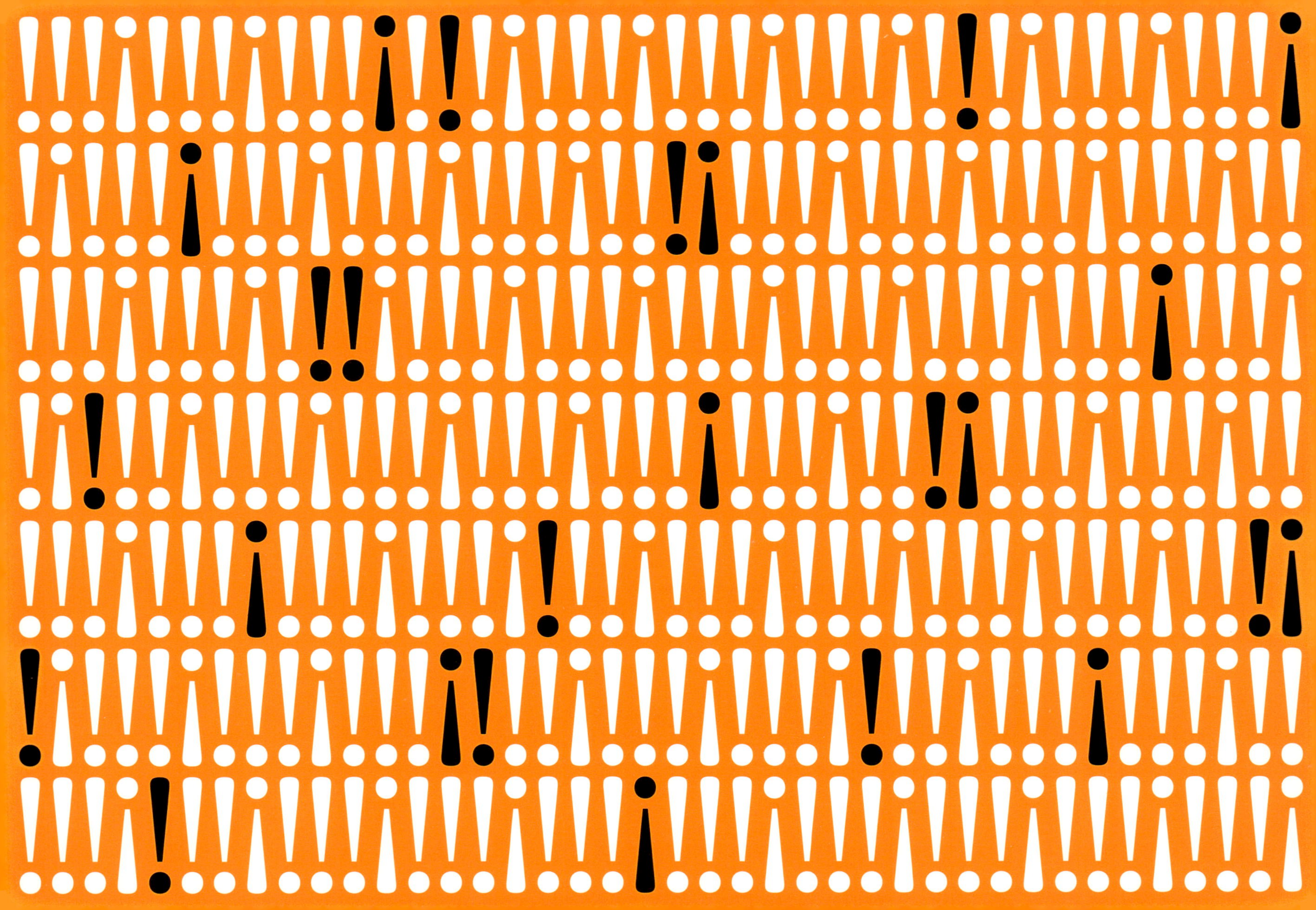

Magst du es, dich zu betrinken?

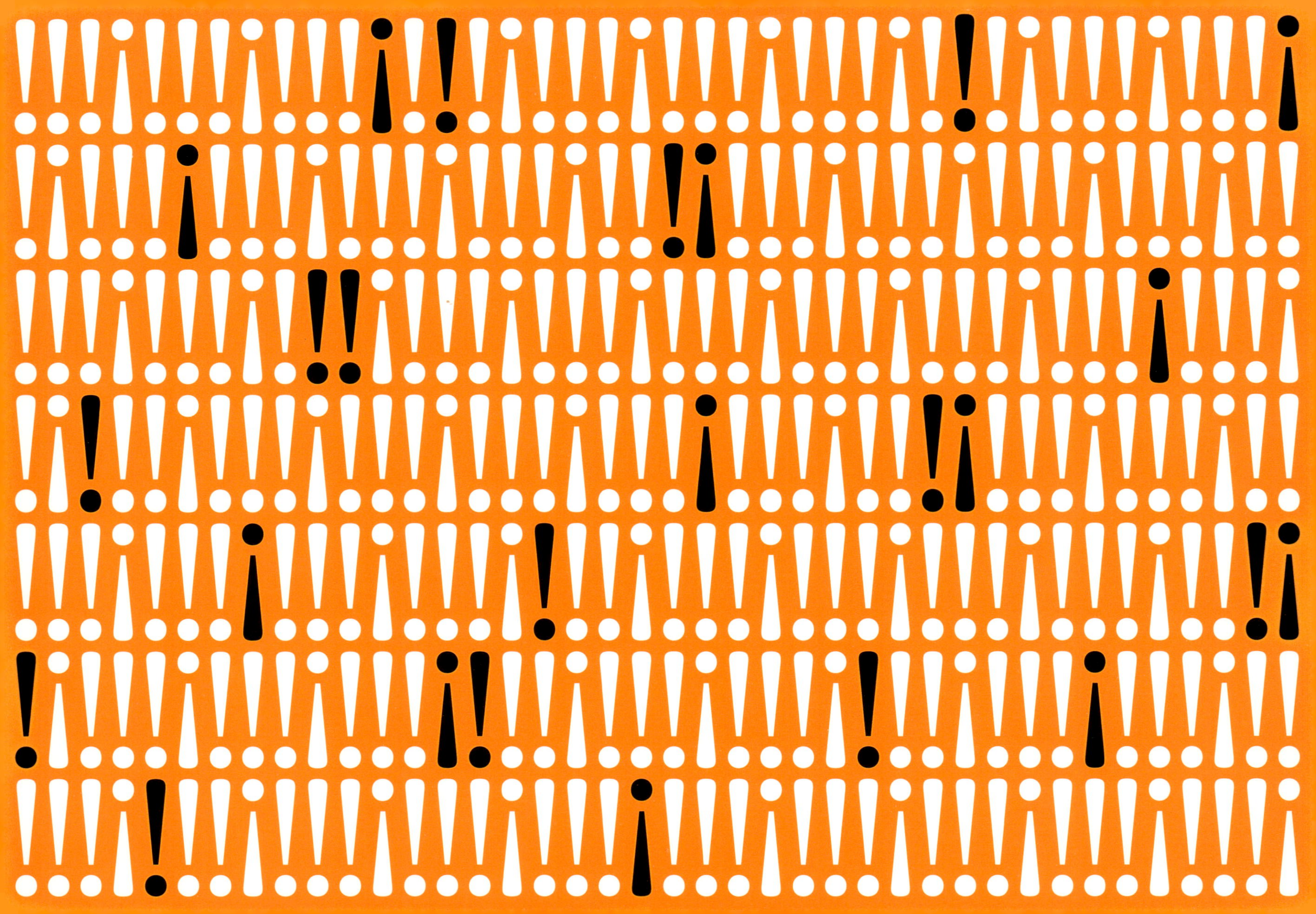

Essen Neonazis Döner?

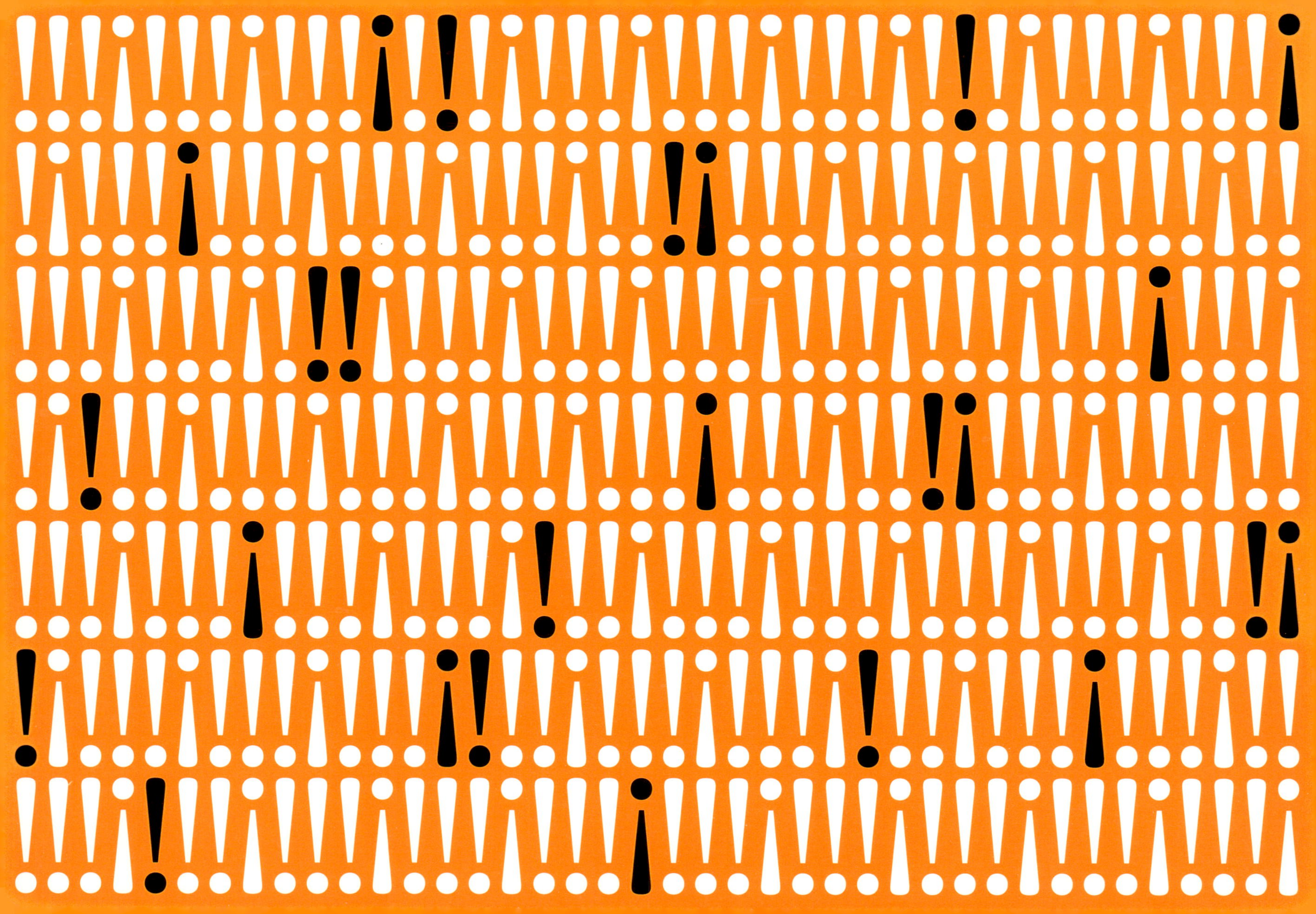

**Weißt du,
was Zivilcourage ist?**

**Glaubst du
an eine höhere Macht?**

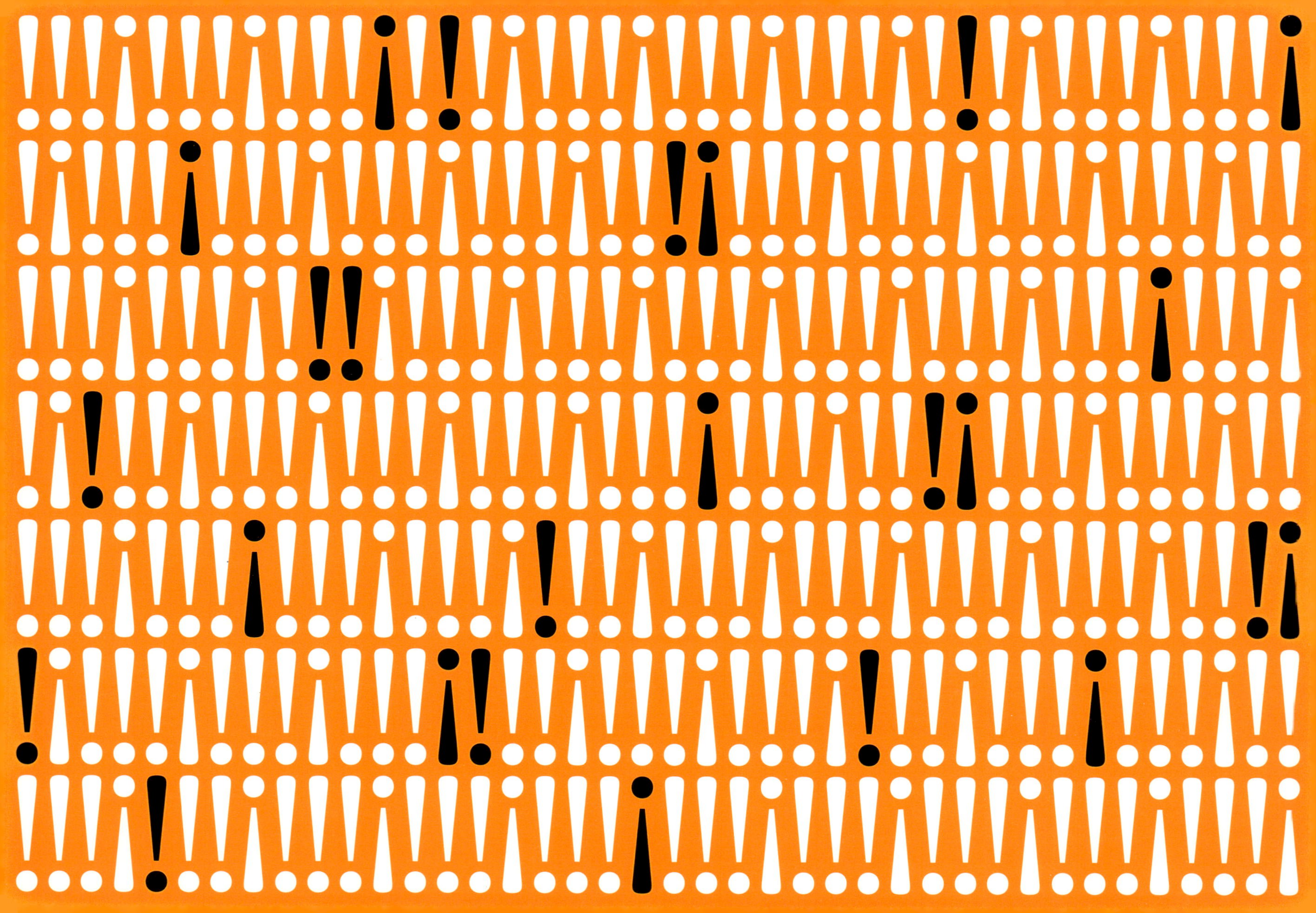

Bist du religiös?

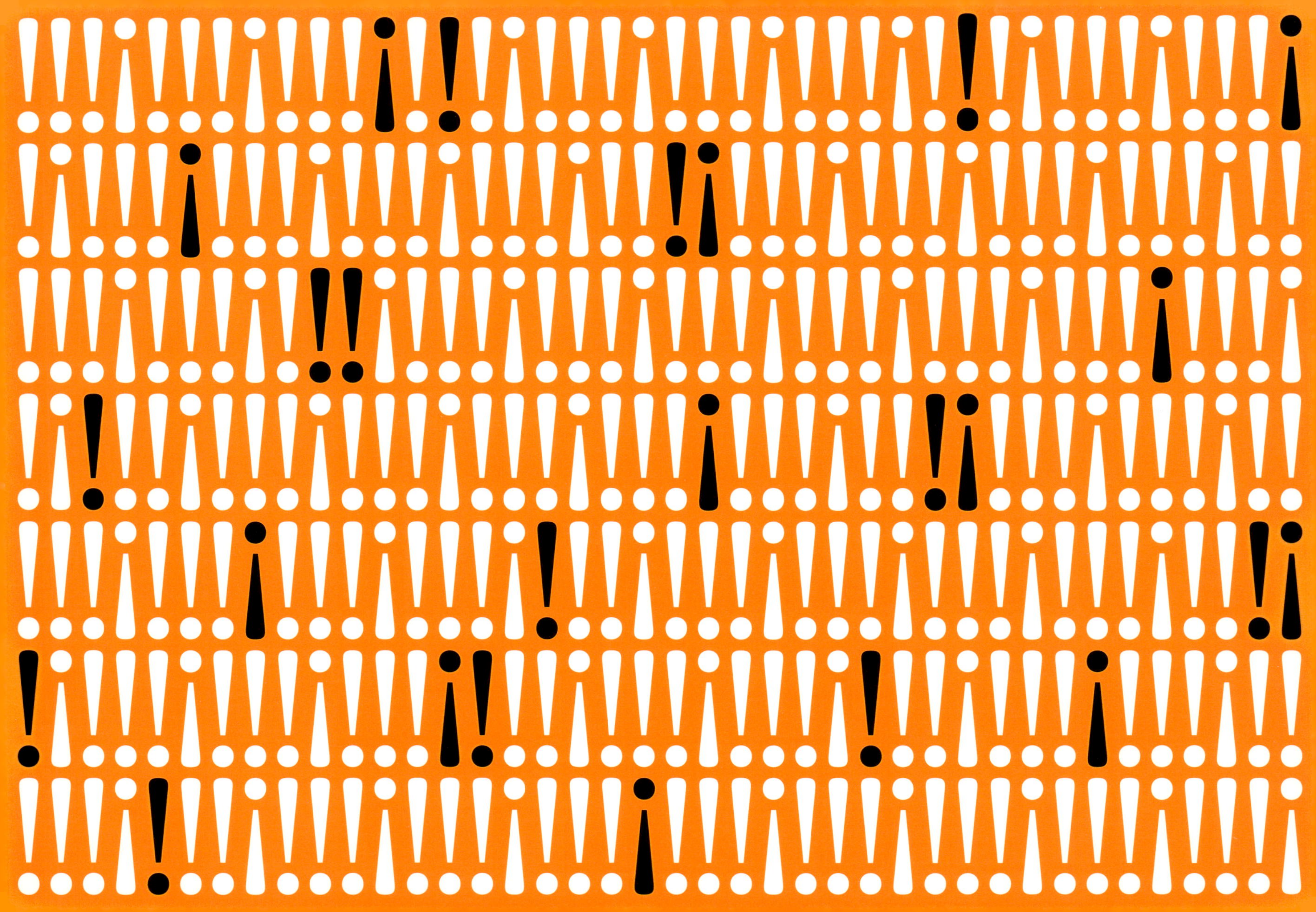

Macht **Geld glücklich**?

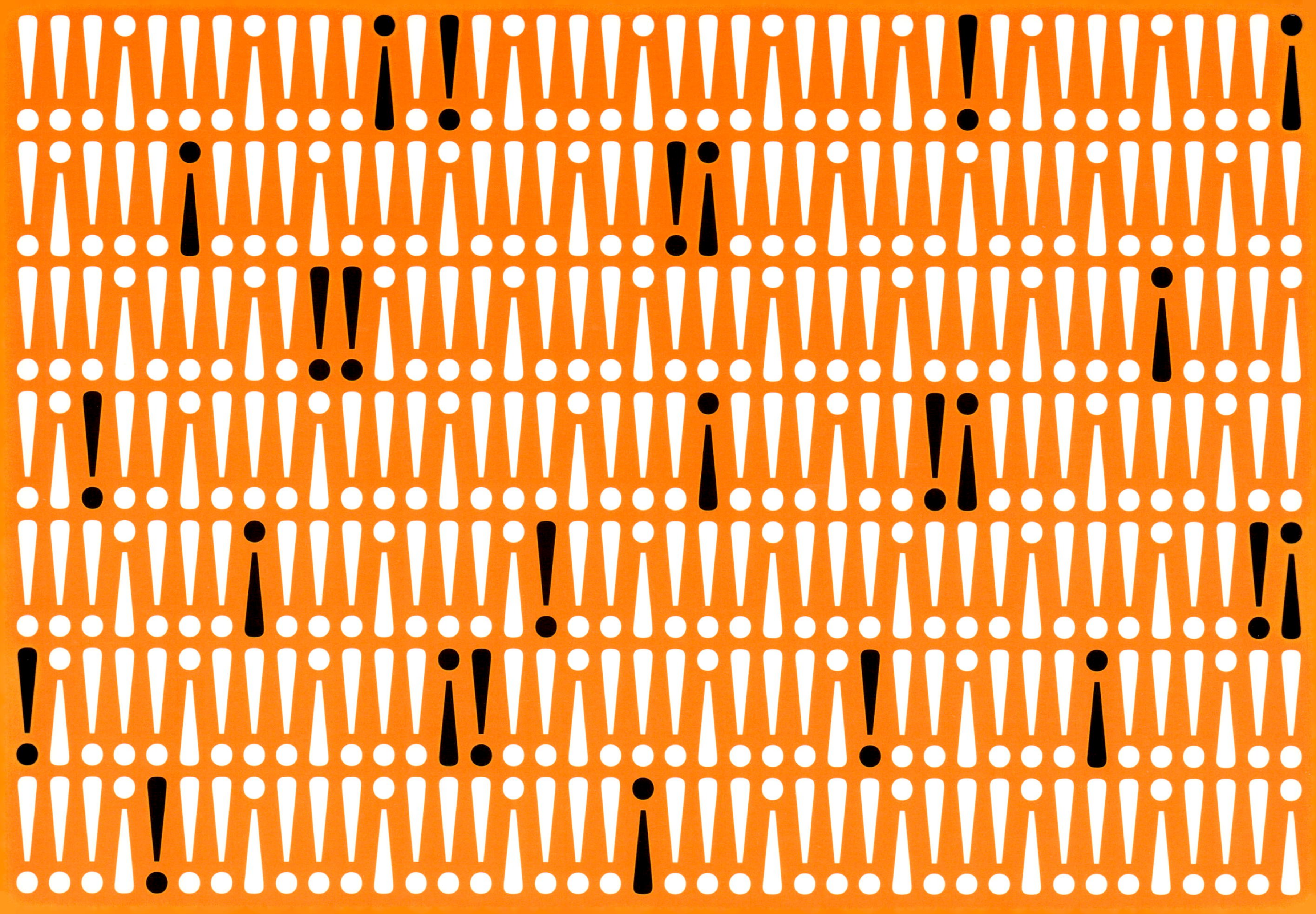

Findest du
Bücherlesen langweilig?

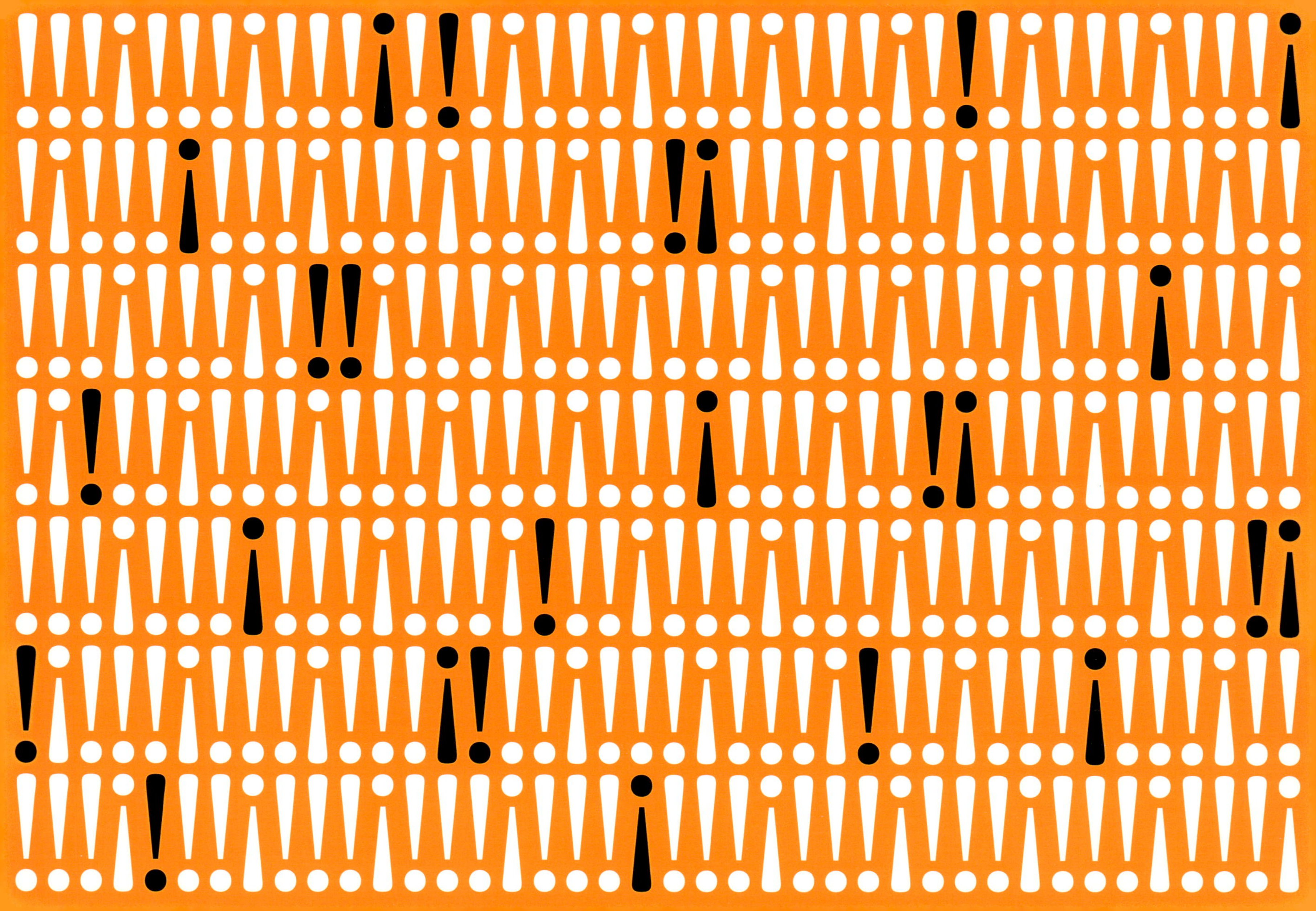

**Möchtest du
mit Mitte 20 heiraten
und Kinder bekommen?**

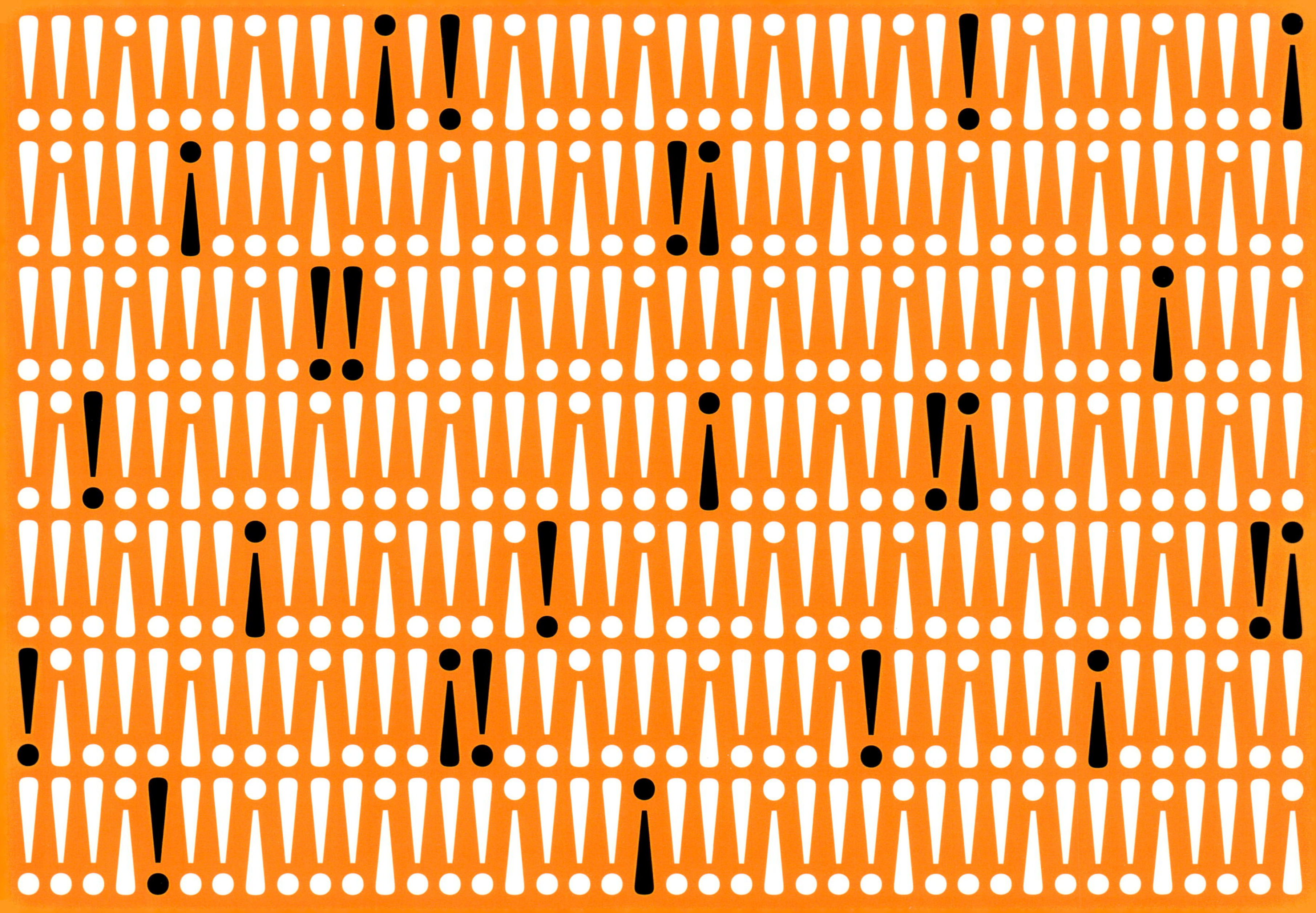

Kannst du dir vorstellen,
in einem anderen Land zu leben?

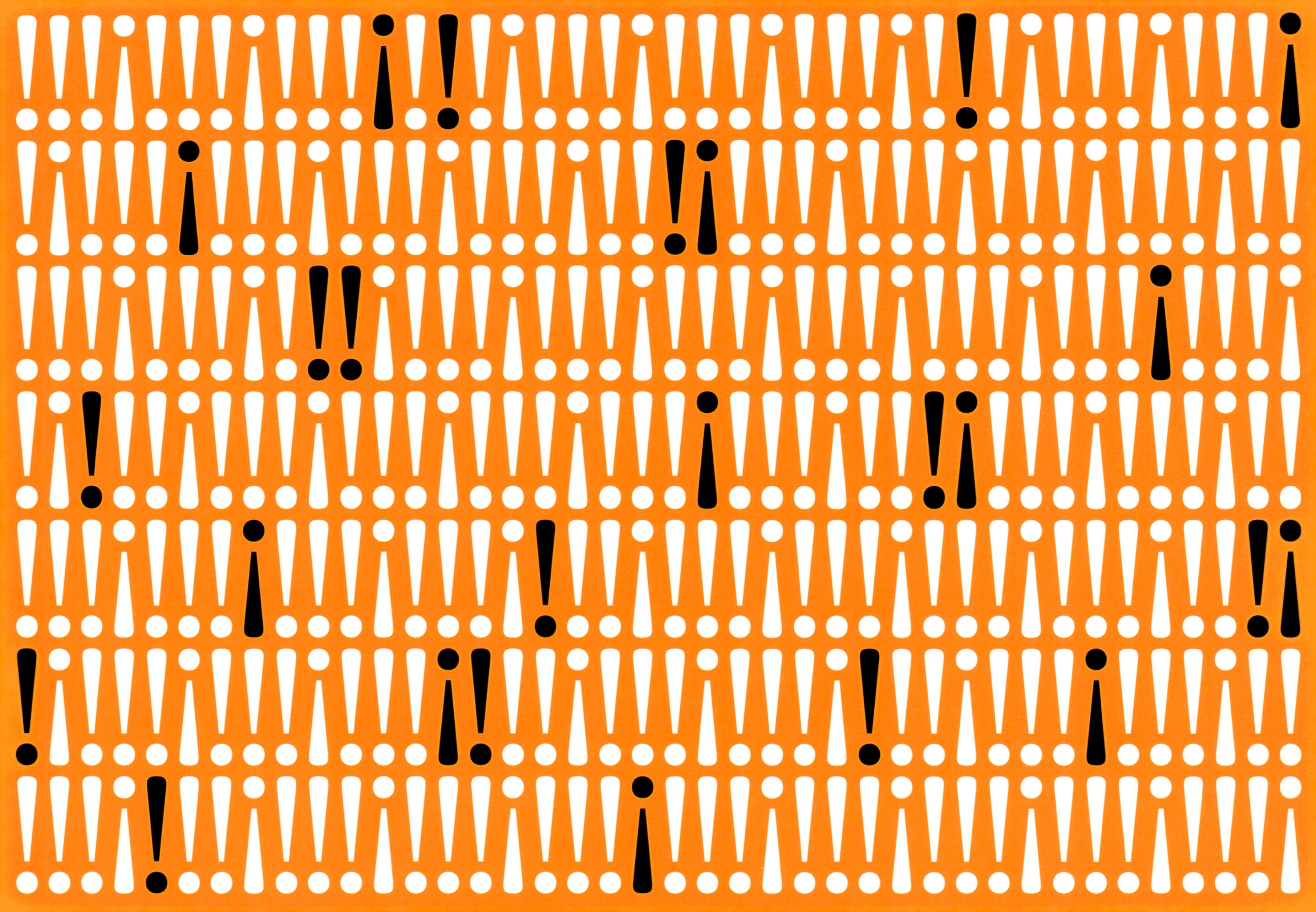

Verstehst du dich gut mit deinen Eltern?

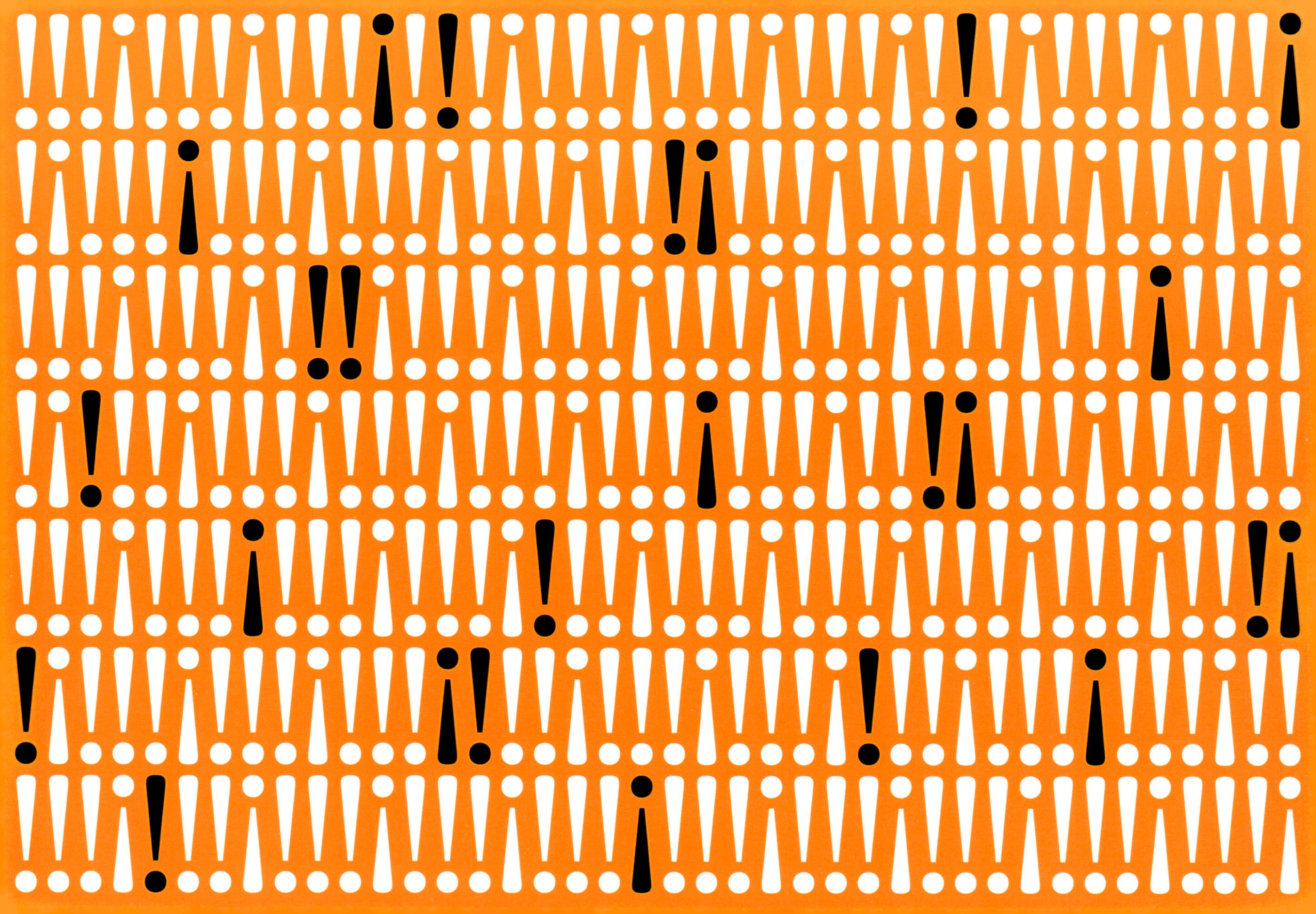

Sind dir **gute Noten** wichtig?

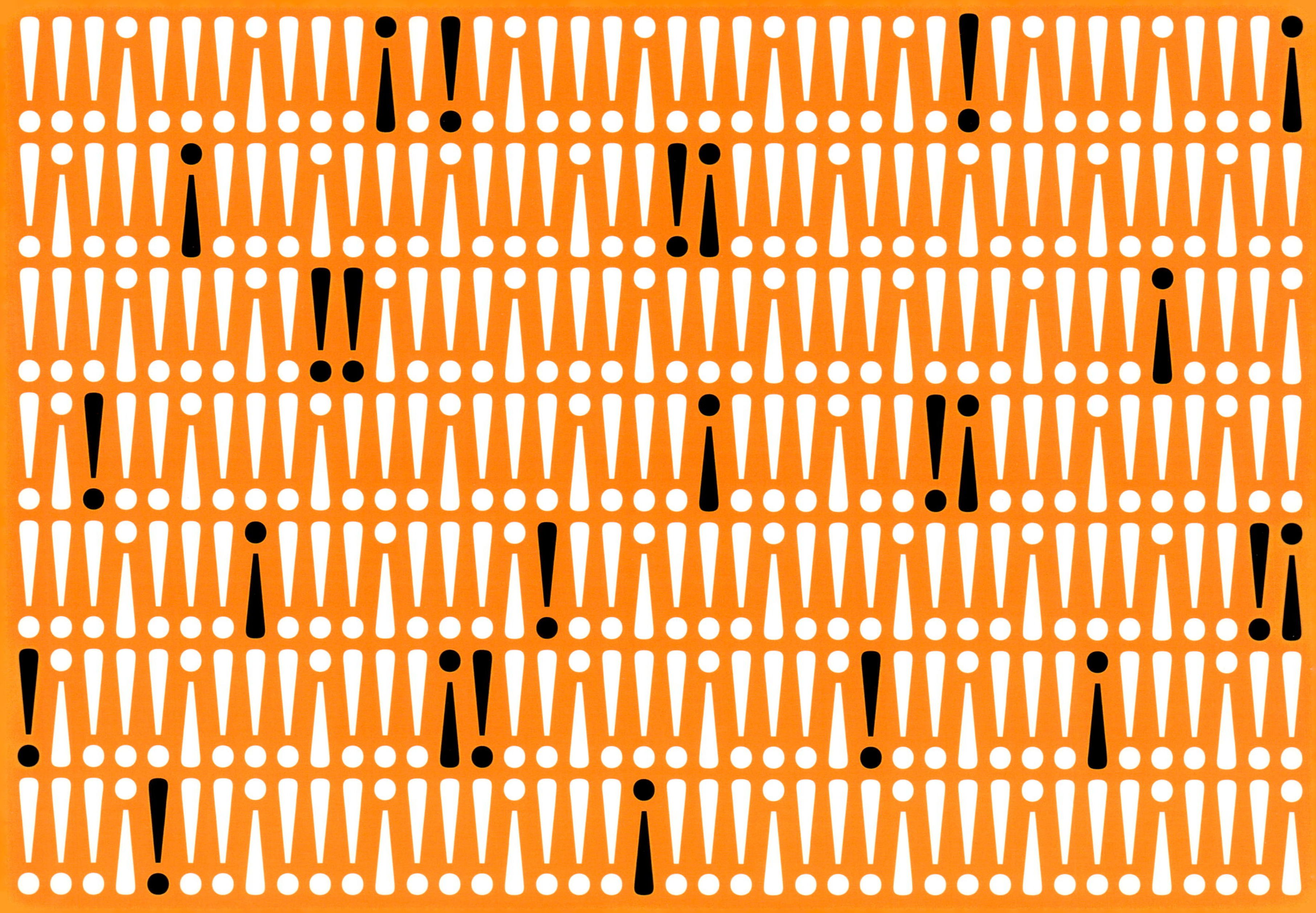

Weißt du, was du beruflich mit 40 machen möchtest?

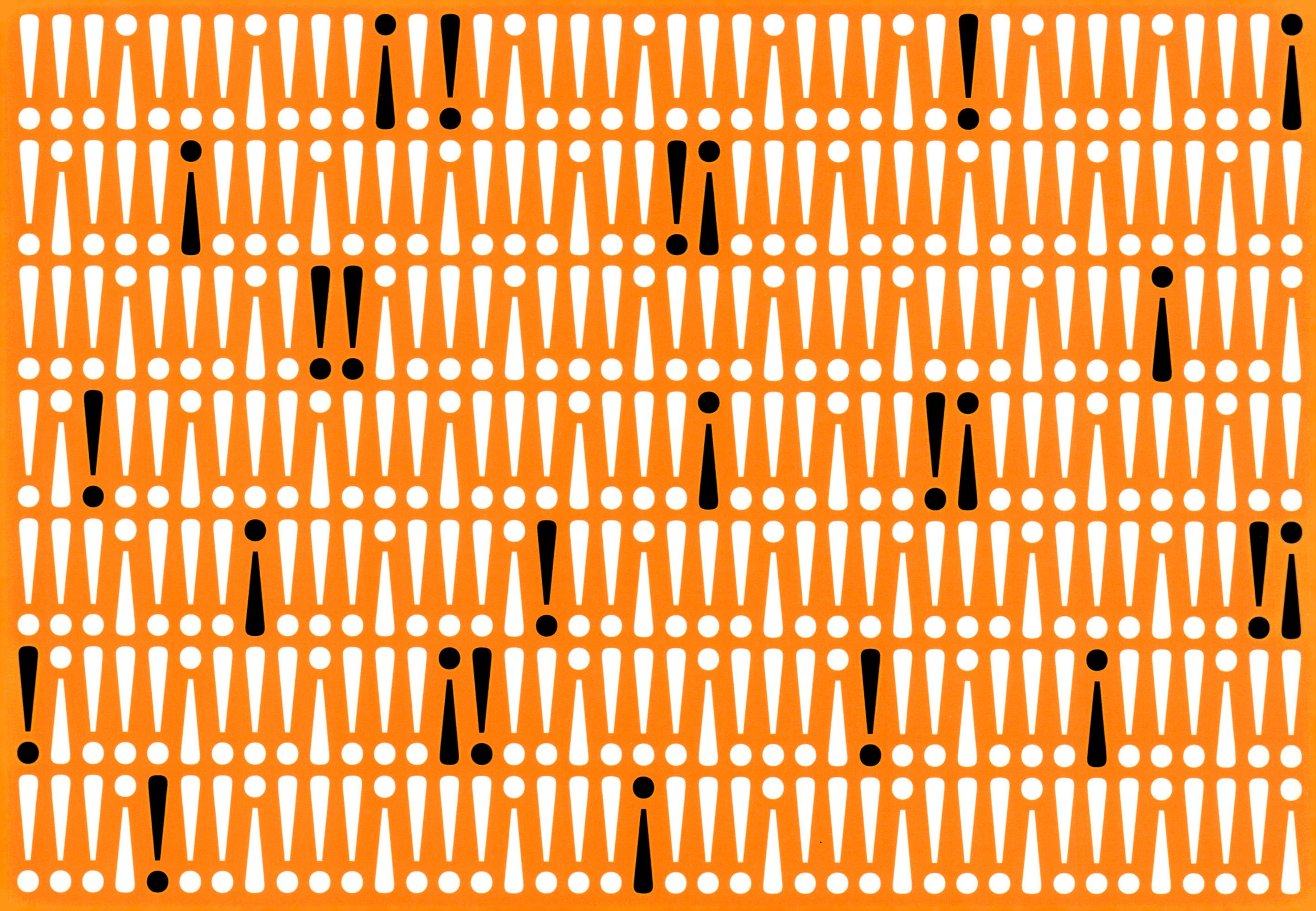

Hast du einen Zukunftstraum?

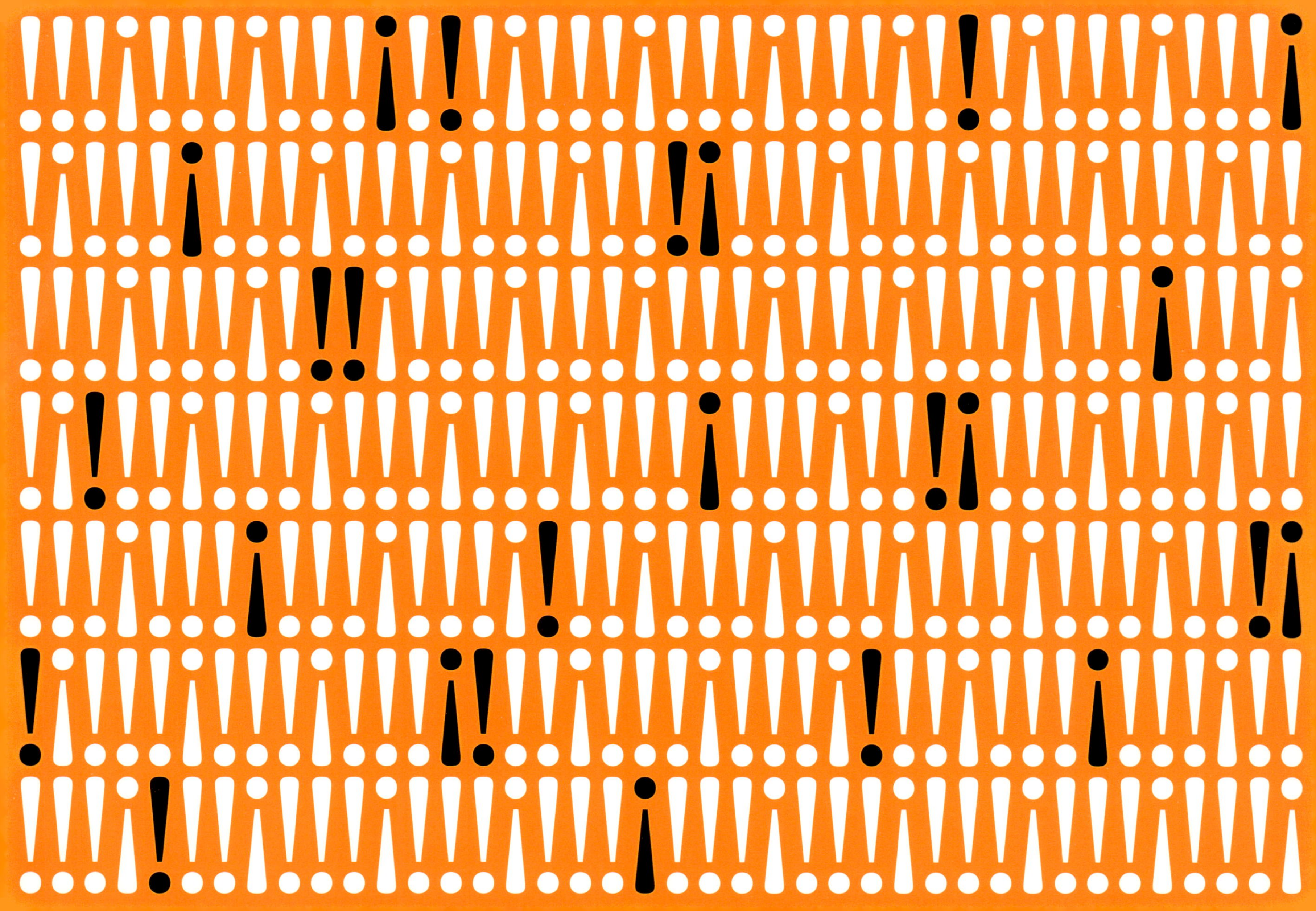

Hast du ein Vorbild?

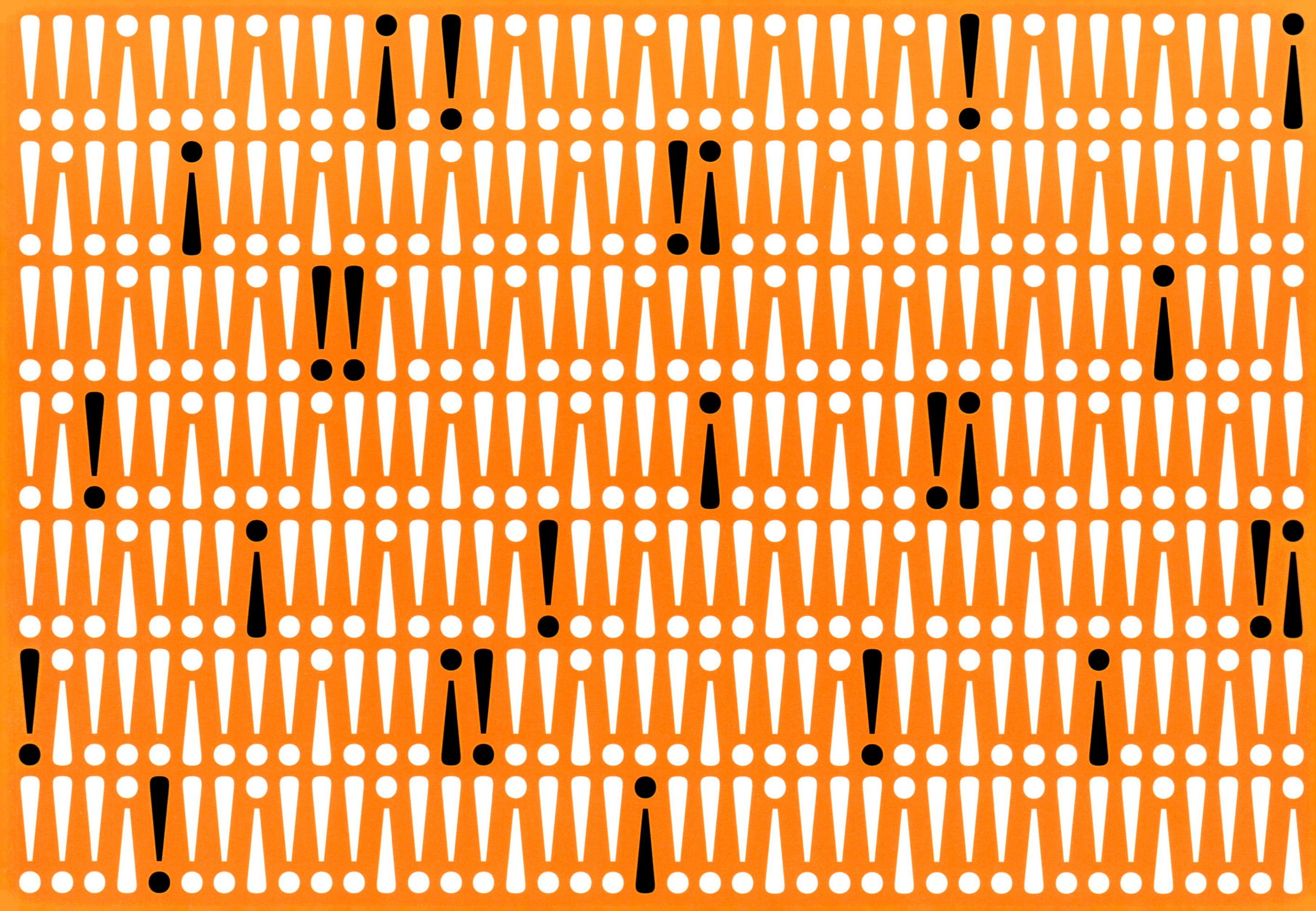

Ist schwul ein Schimpfwort?

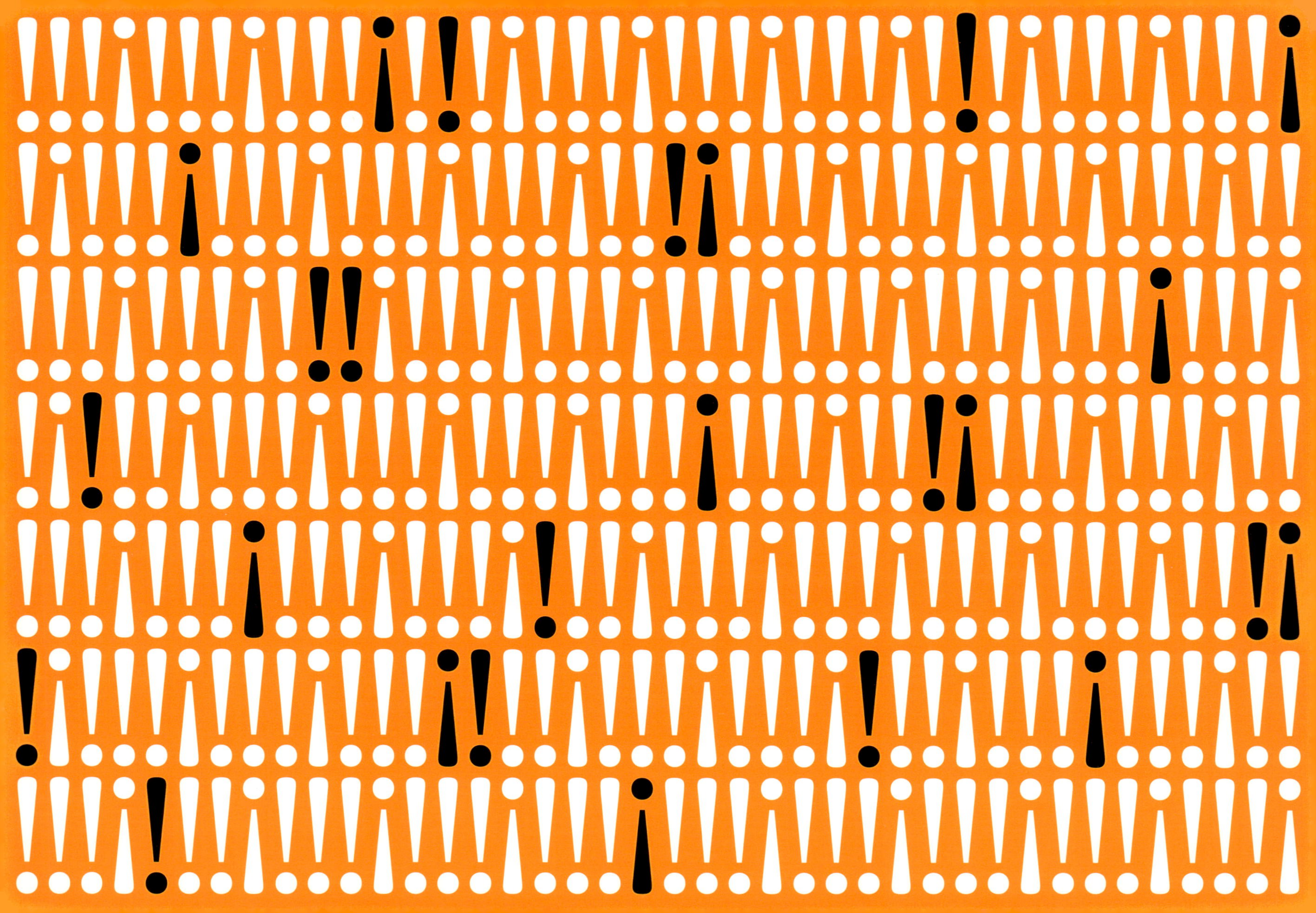

Warst du schon einmal
auf einer Demonstration?

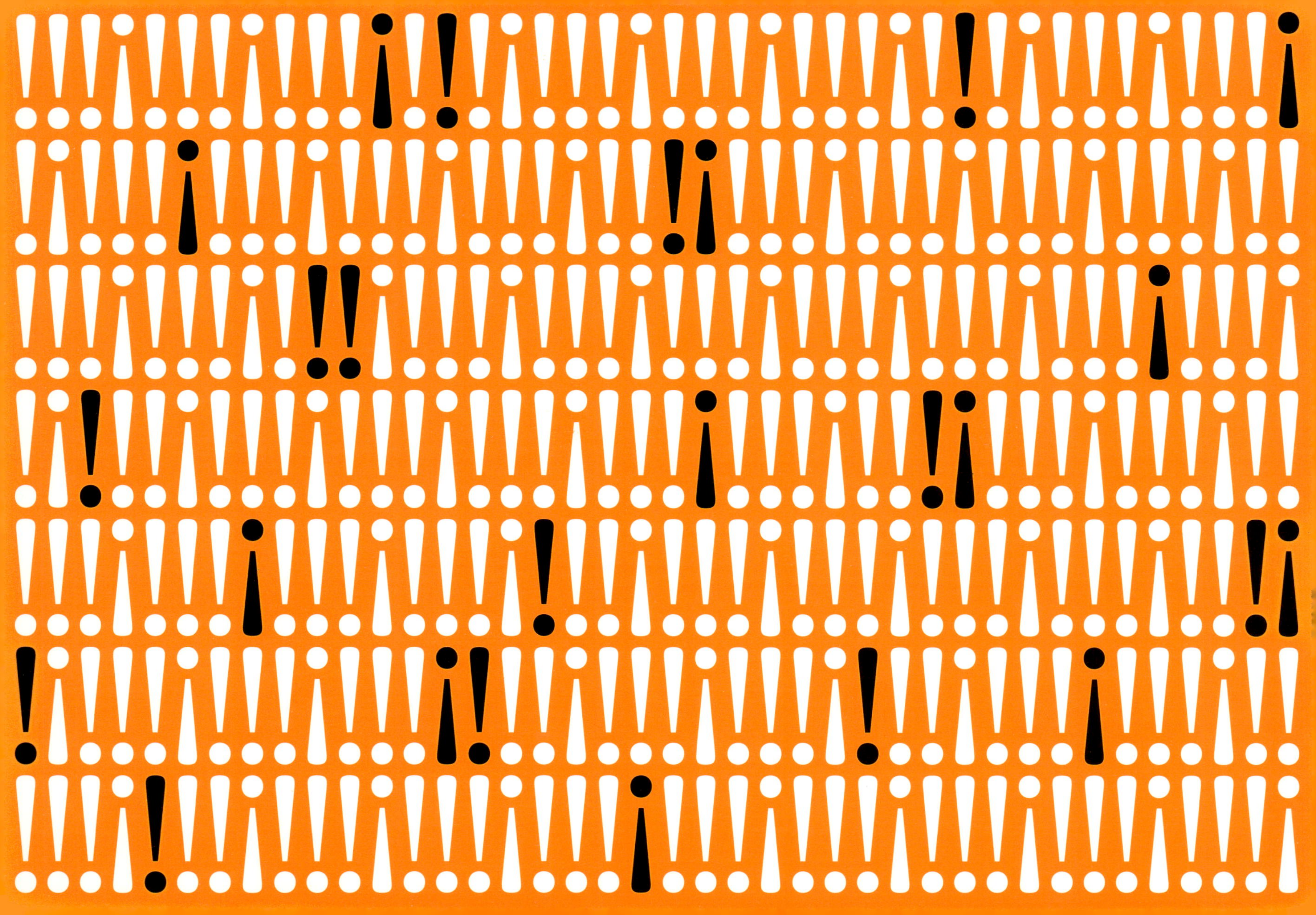

Leben Hartz-IV-Empfänger auf Kosten der Gemeinschaft?

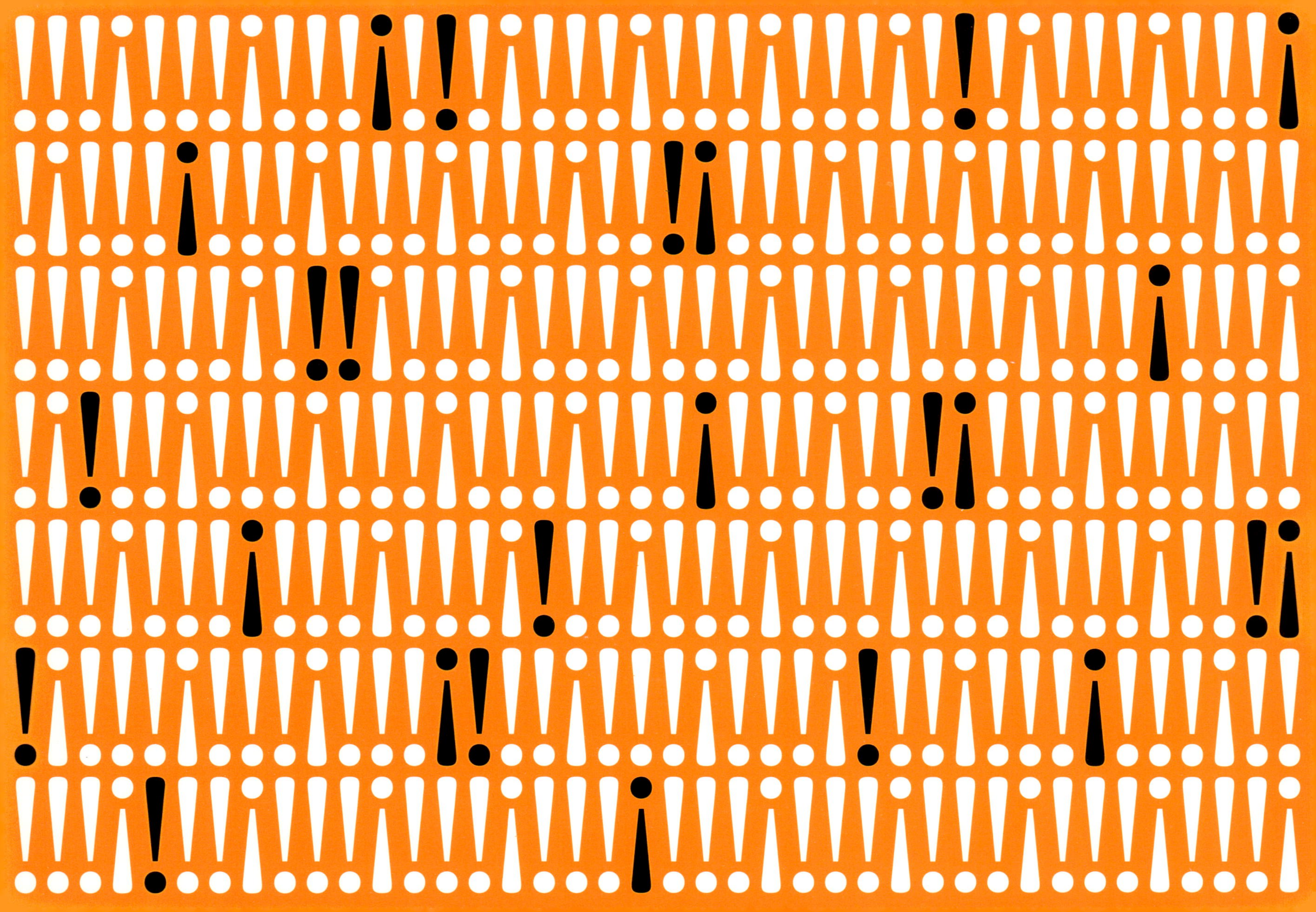

Glaubst du an
die **große Liebe**?

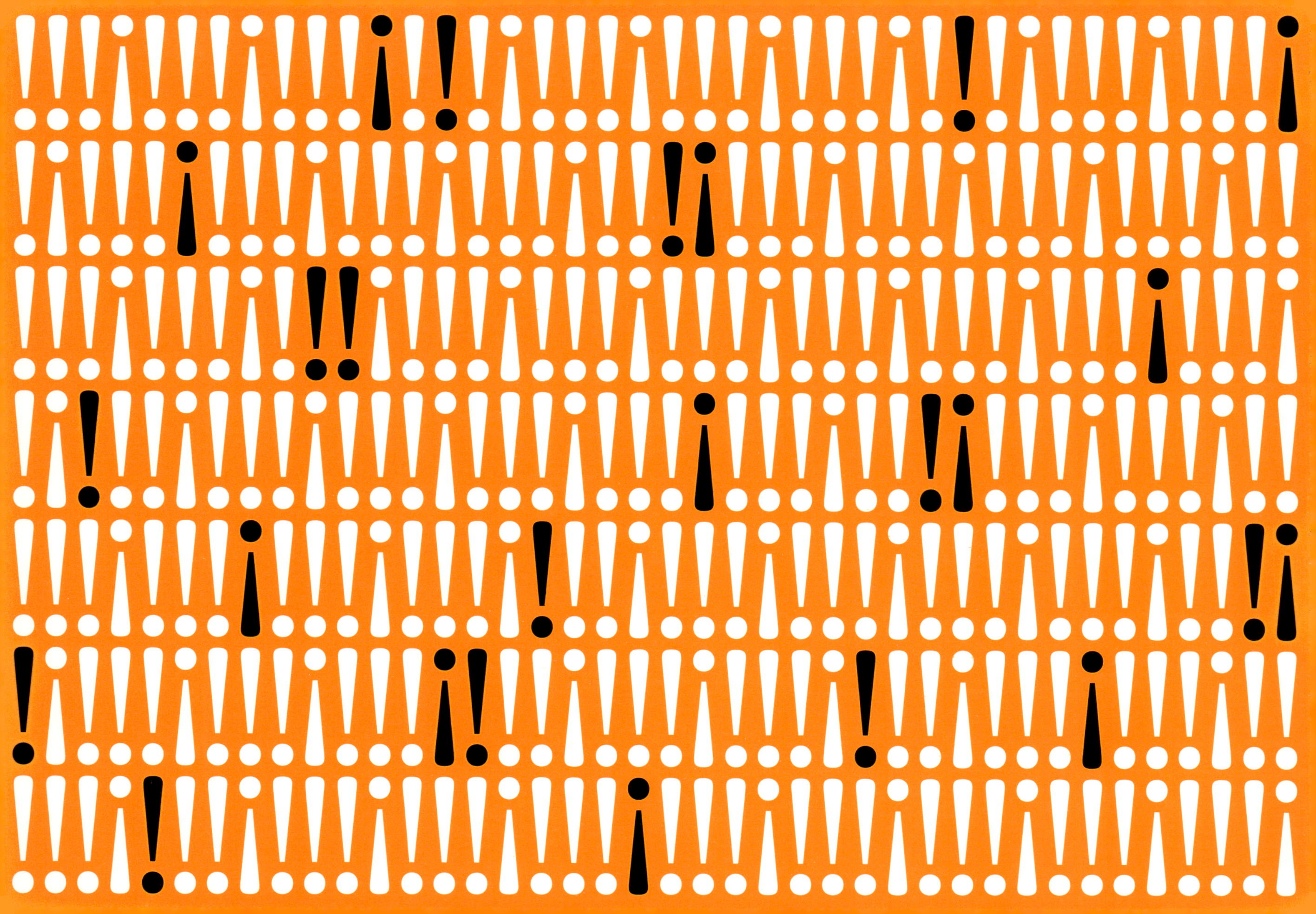

Ist Kochen Frauensache?

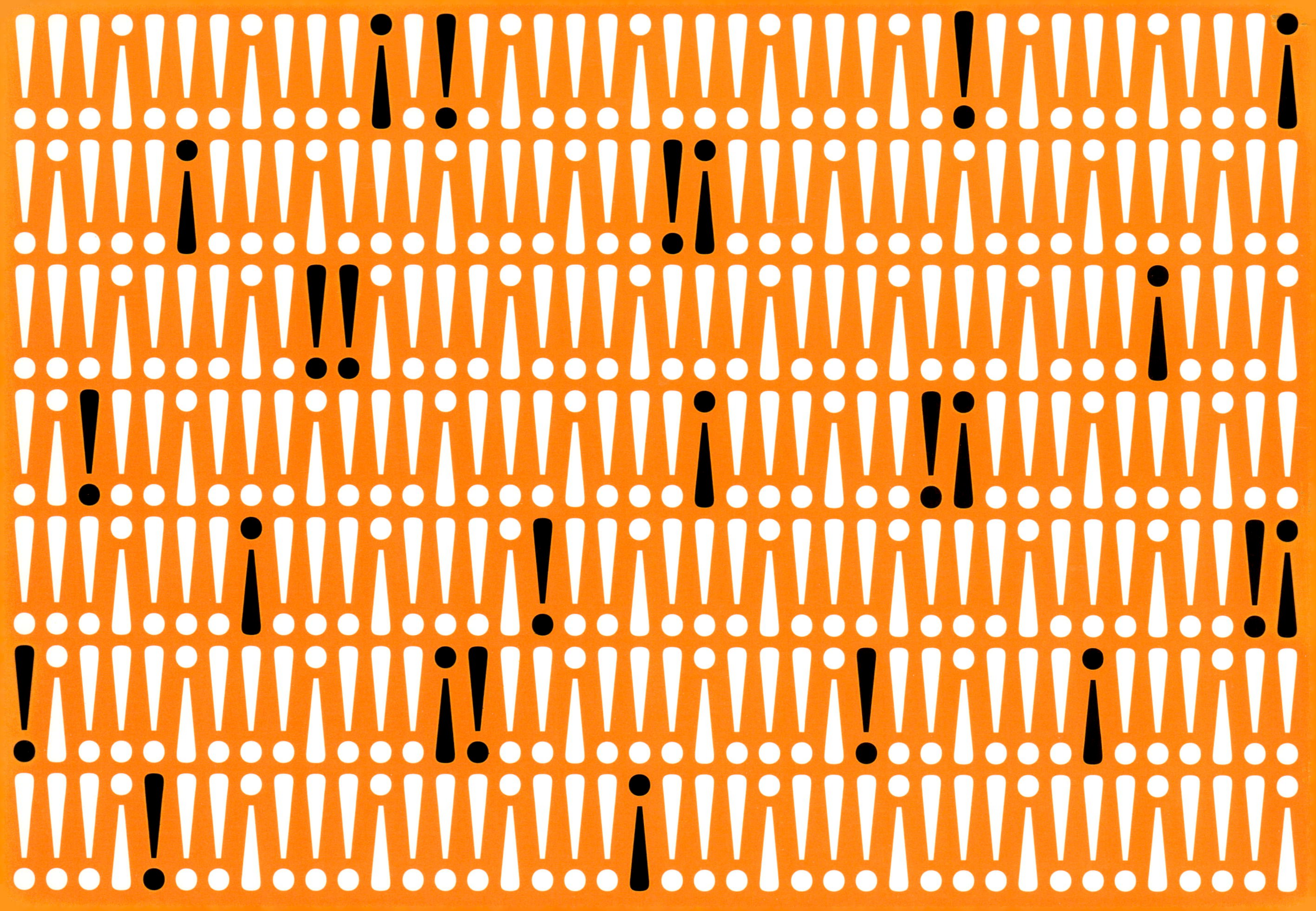

Würde es Deutschland mit mehr Zuwanderung besser gehen?

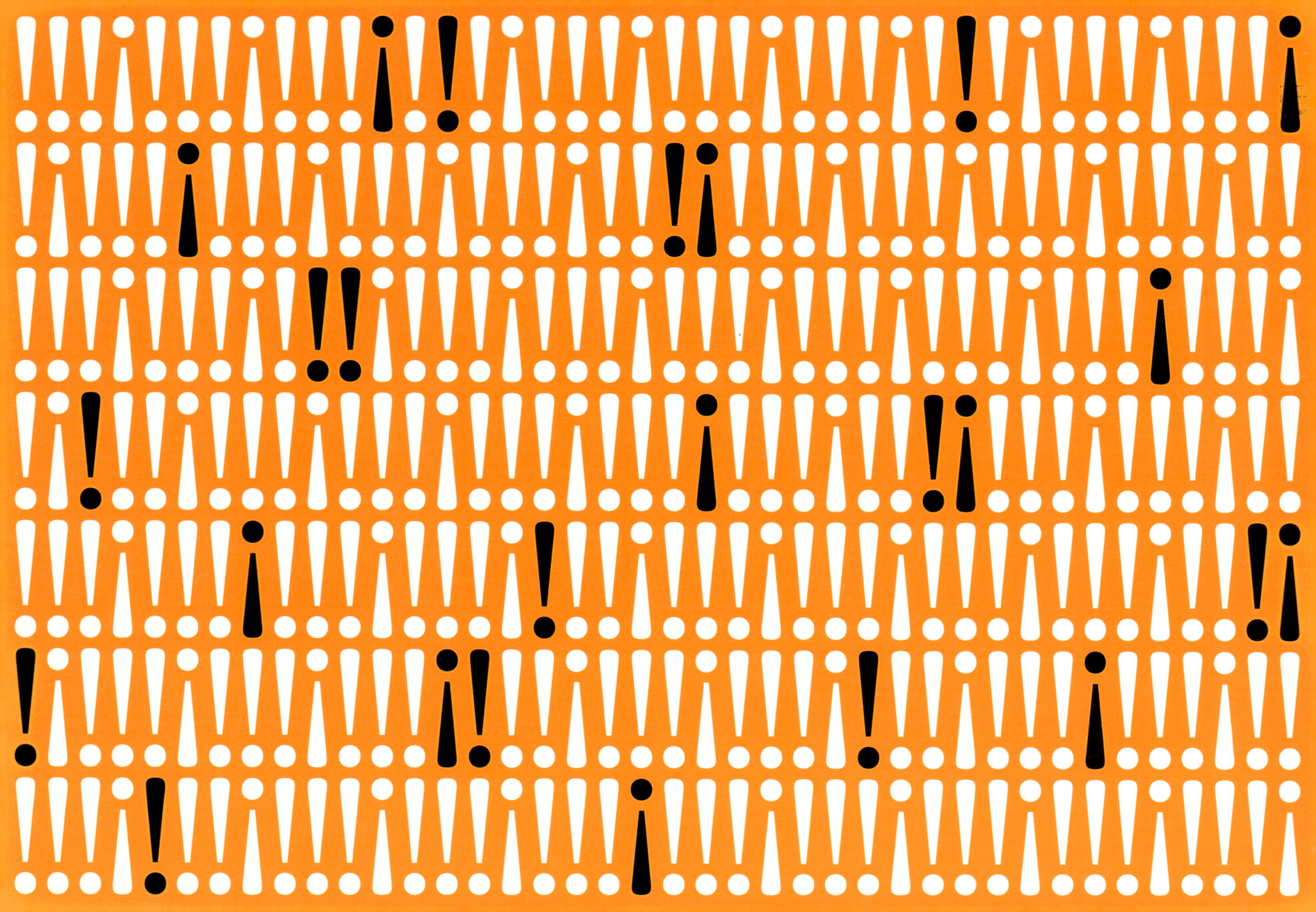

Bedeutet **Demokratie** für dich **Mitbestimmung**?

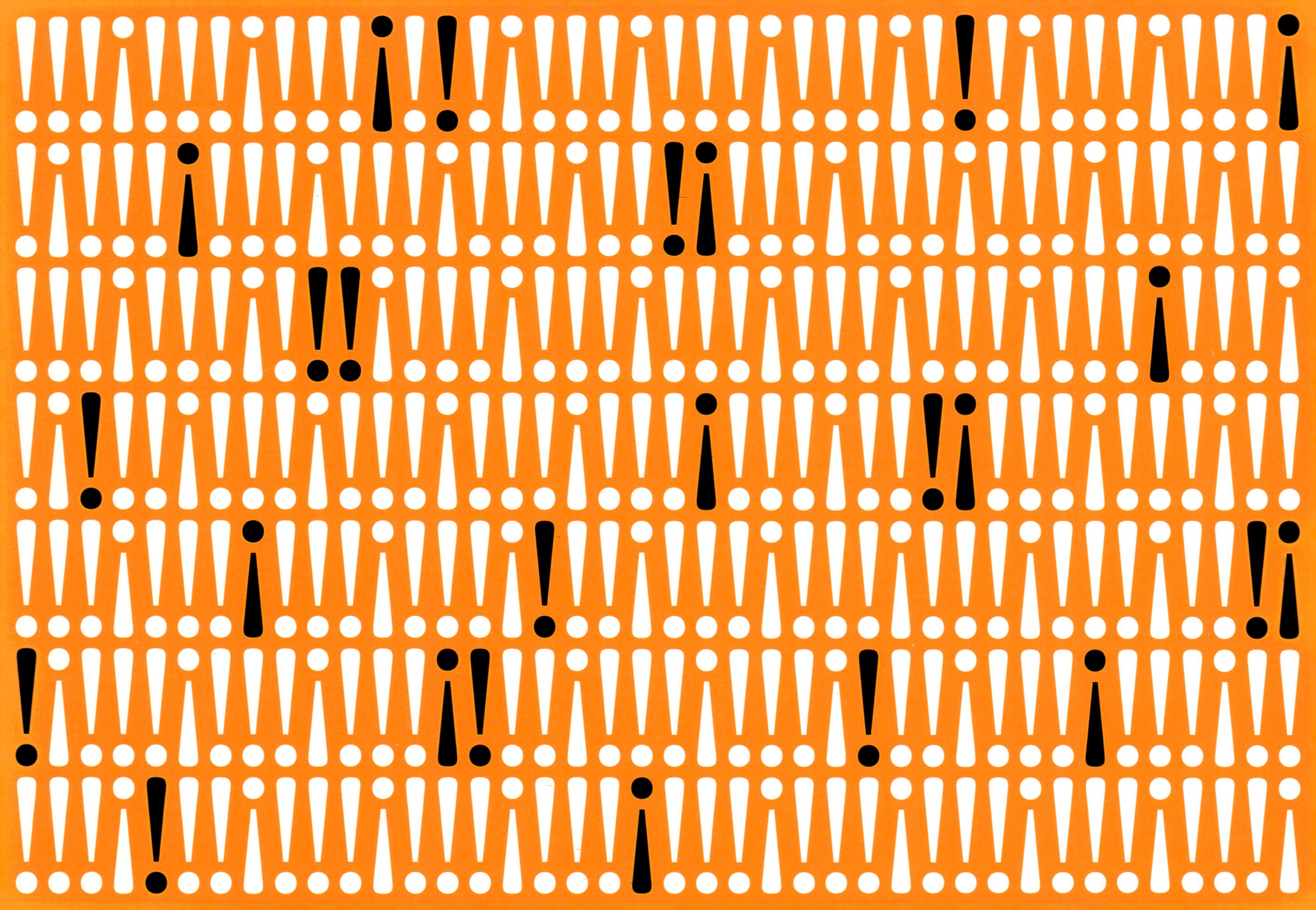

Würdest du
in eine Partei eintreten?

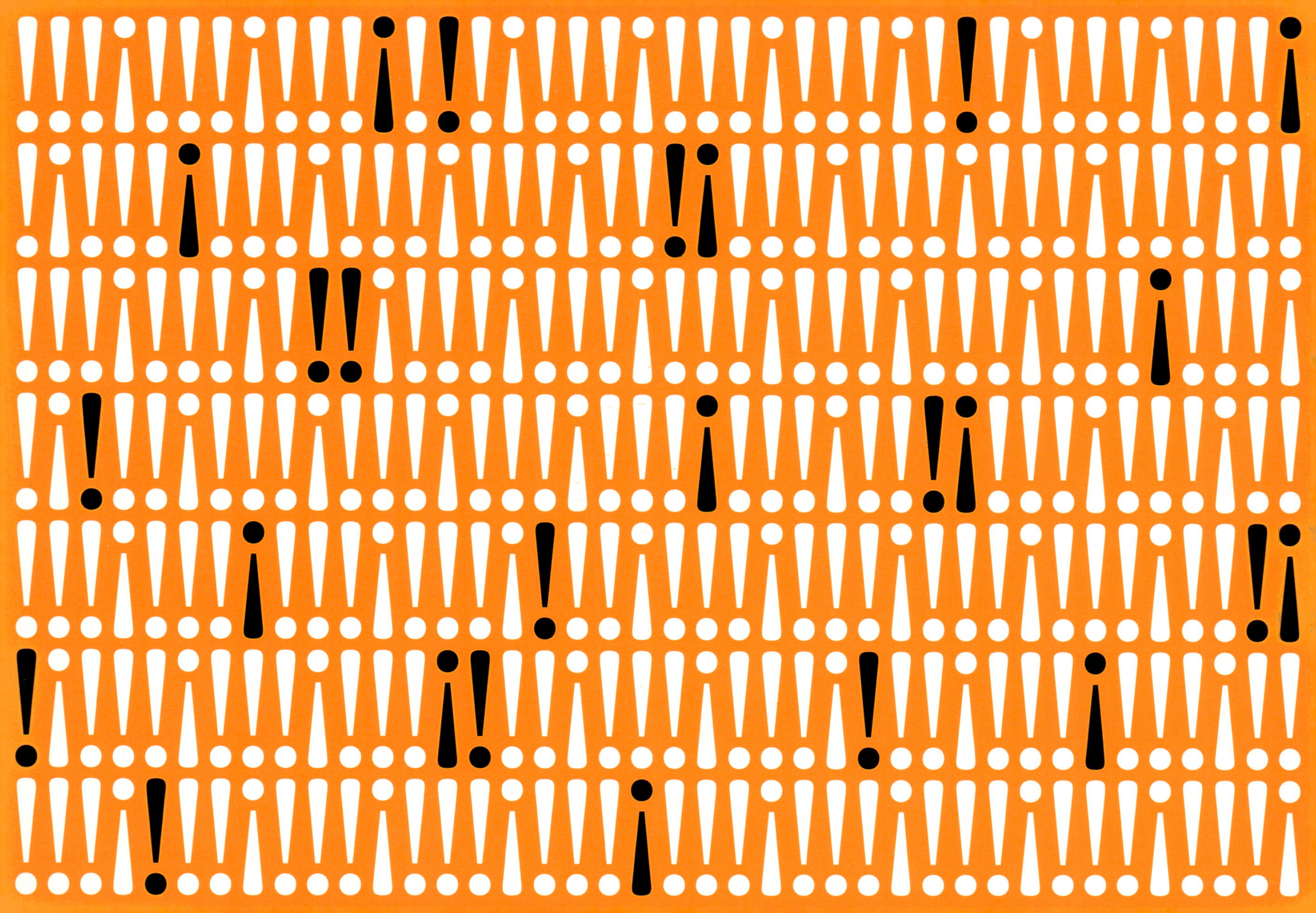

Sind für dich
deine Interessen wichtiger
als die der Anderen?

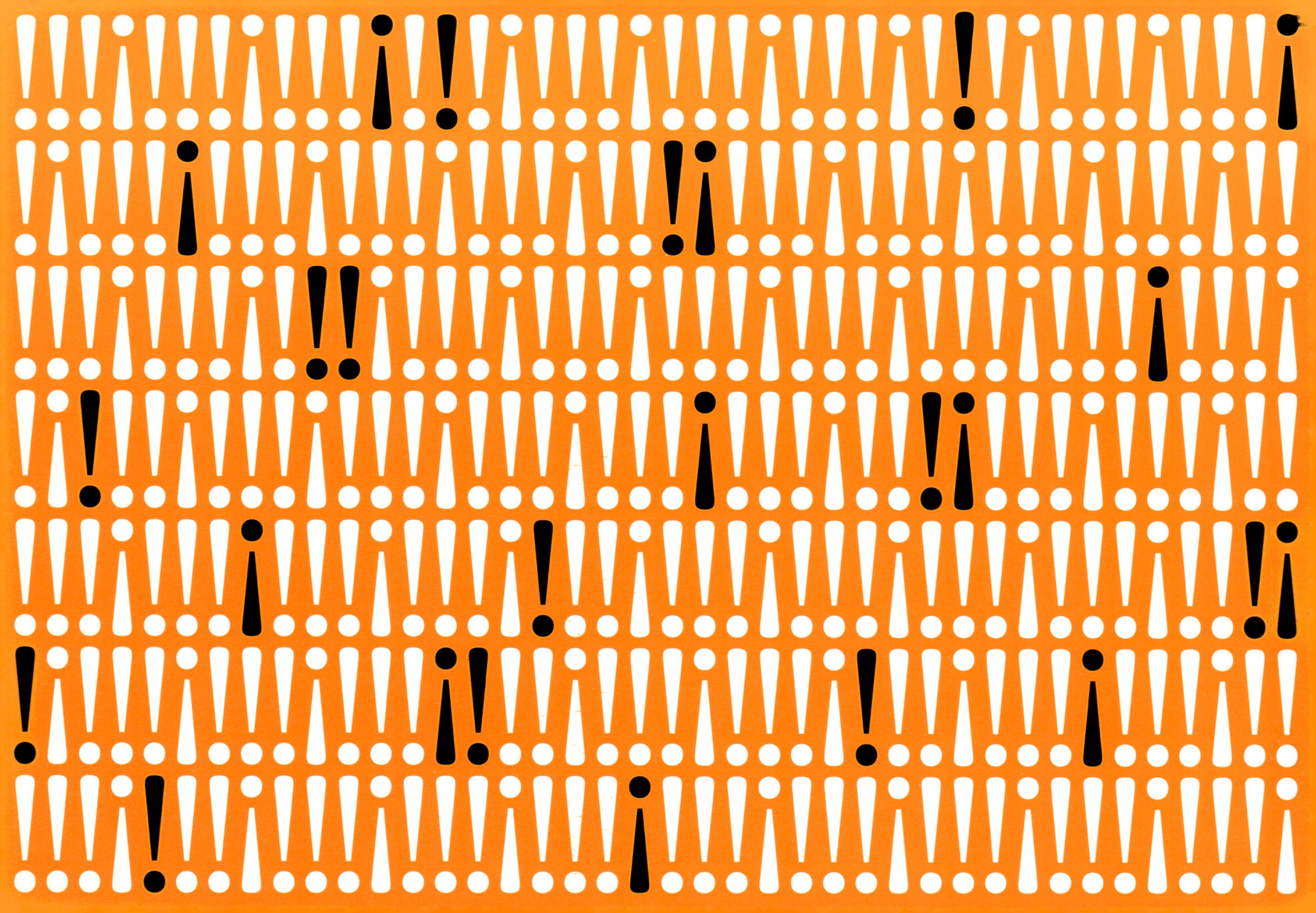

Bist du tolerant?

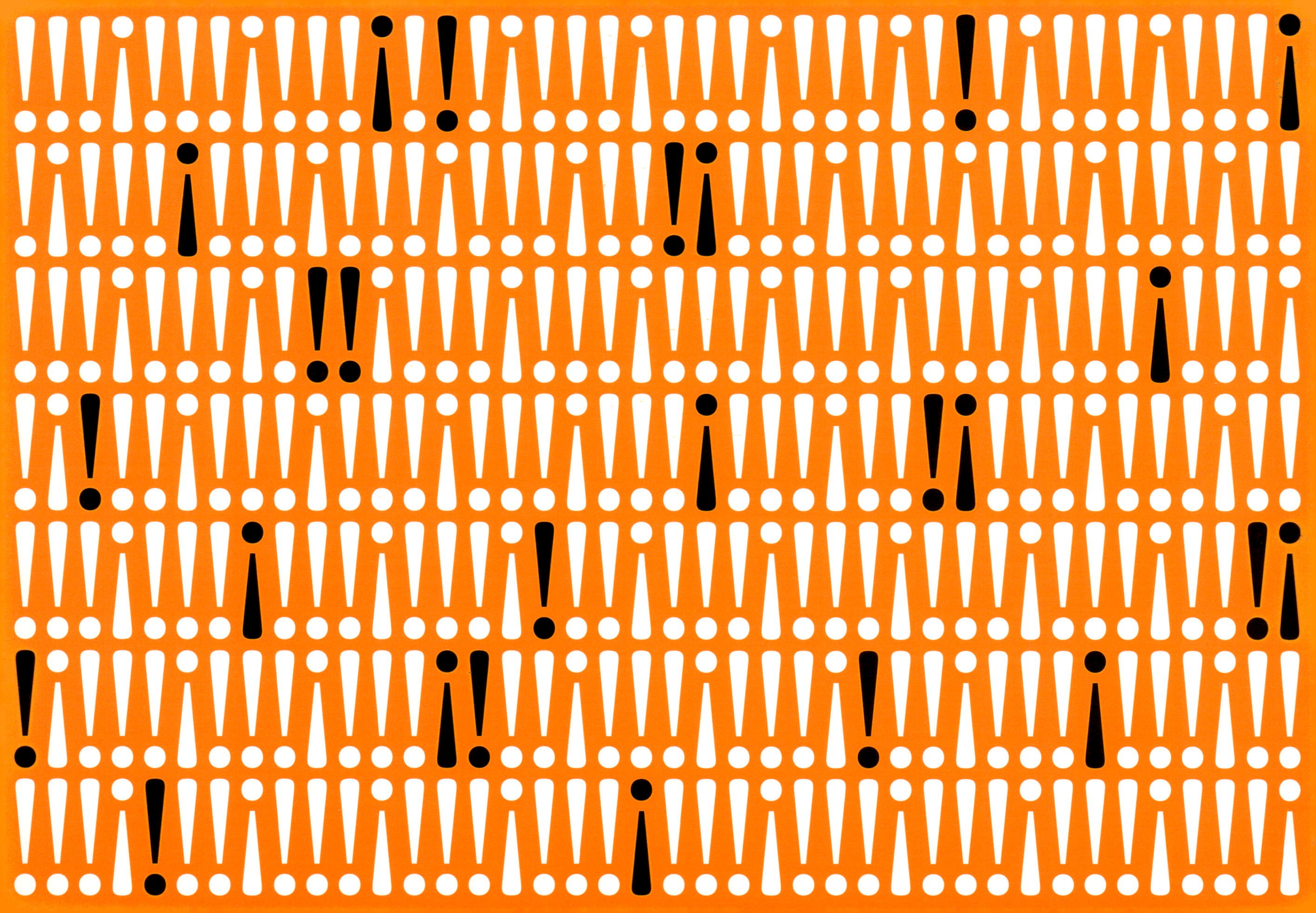

Gehst du Konflikten aus dem Weg?

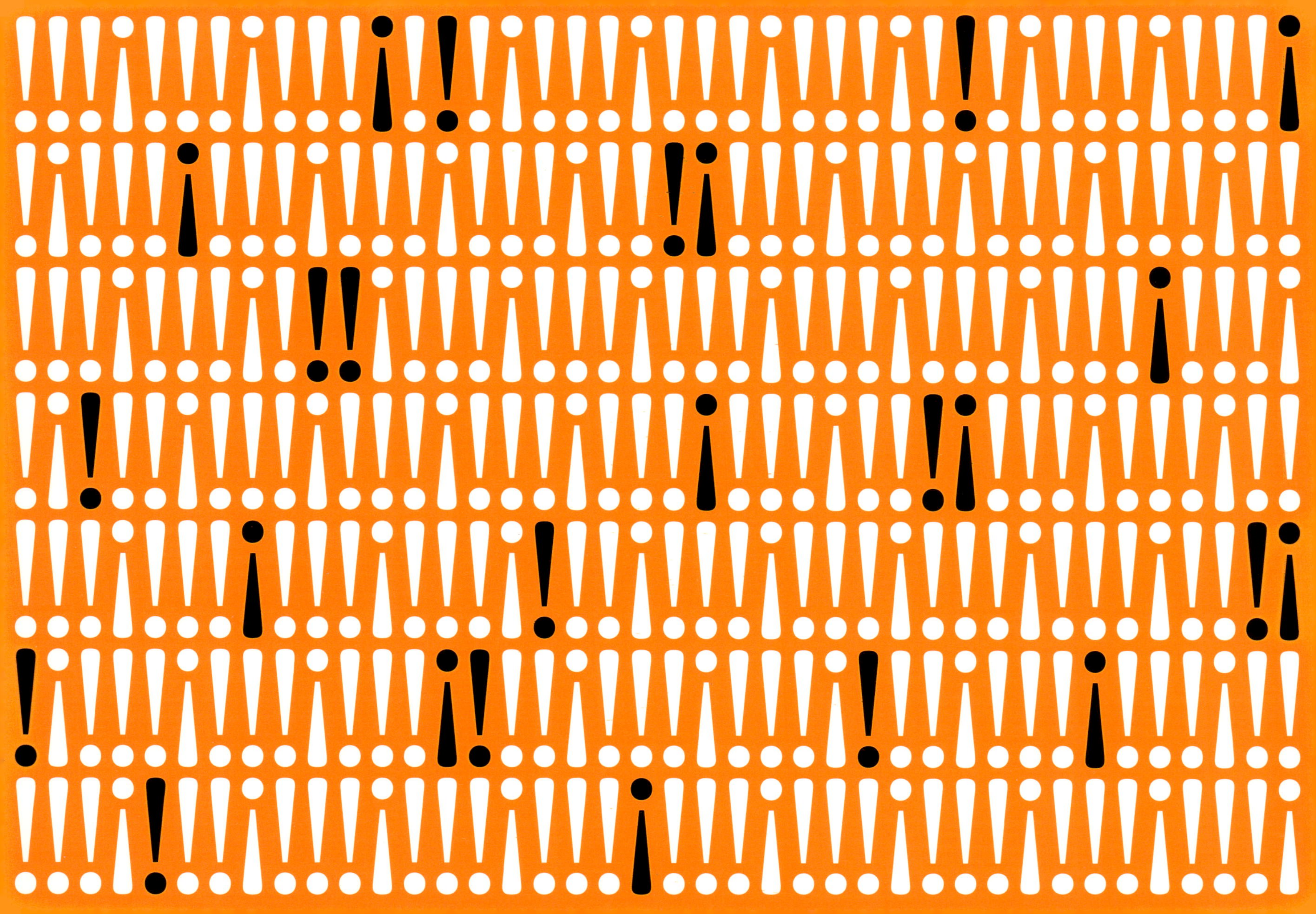

Glaubst du,
dass du ein wichtiger Teil
der Gesellschaft bist?

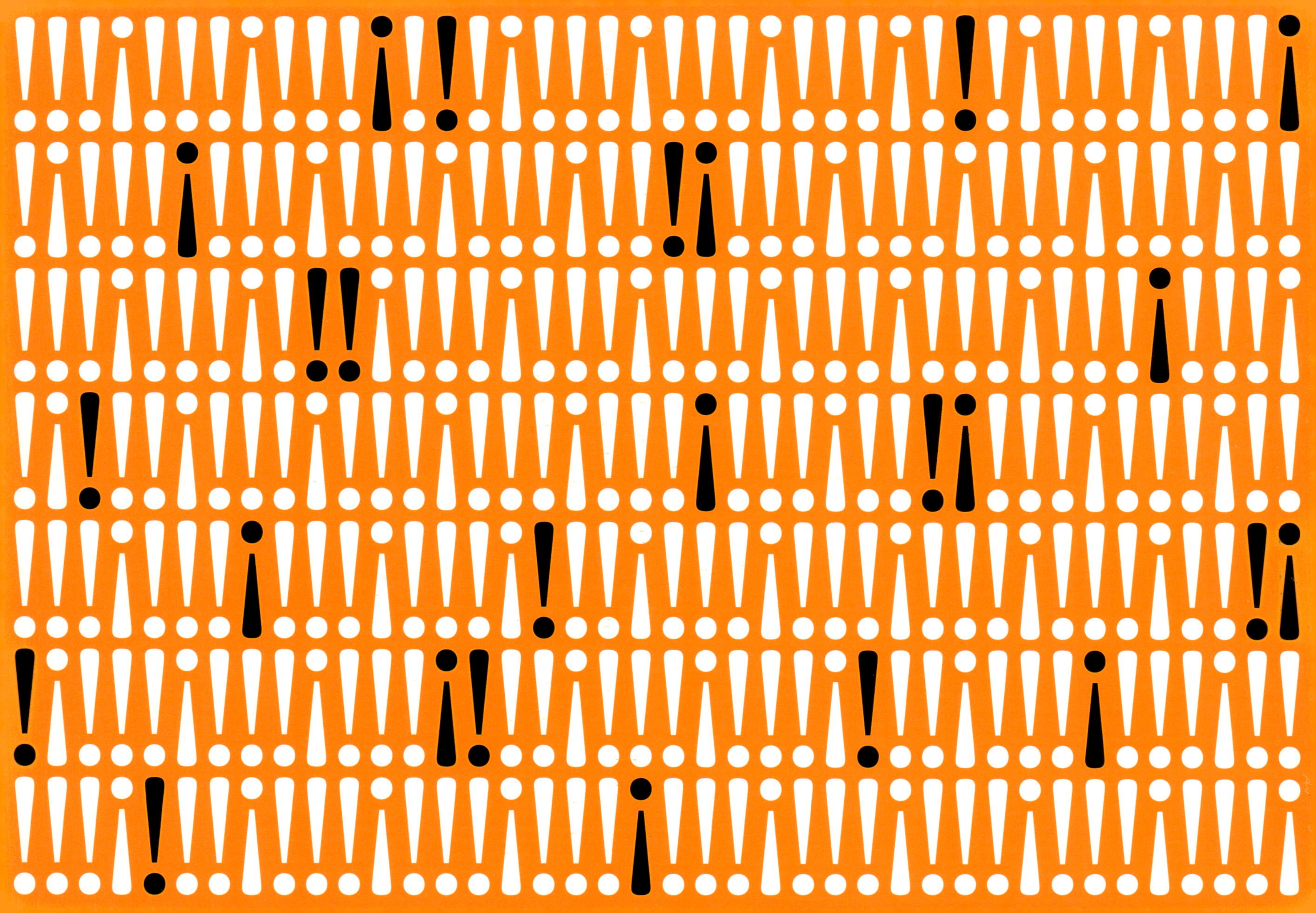

Glaubst du, dass du durch dein Engagement die Gesellschaft mitgestalten kannst?

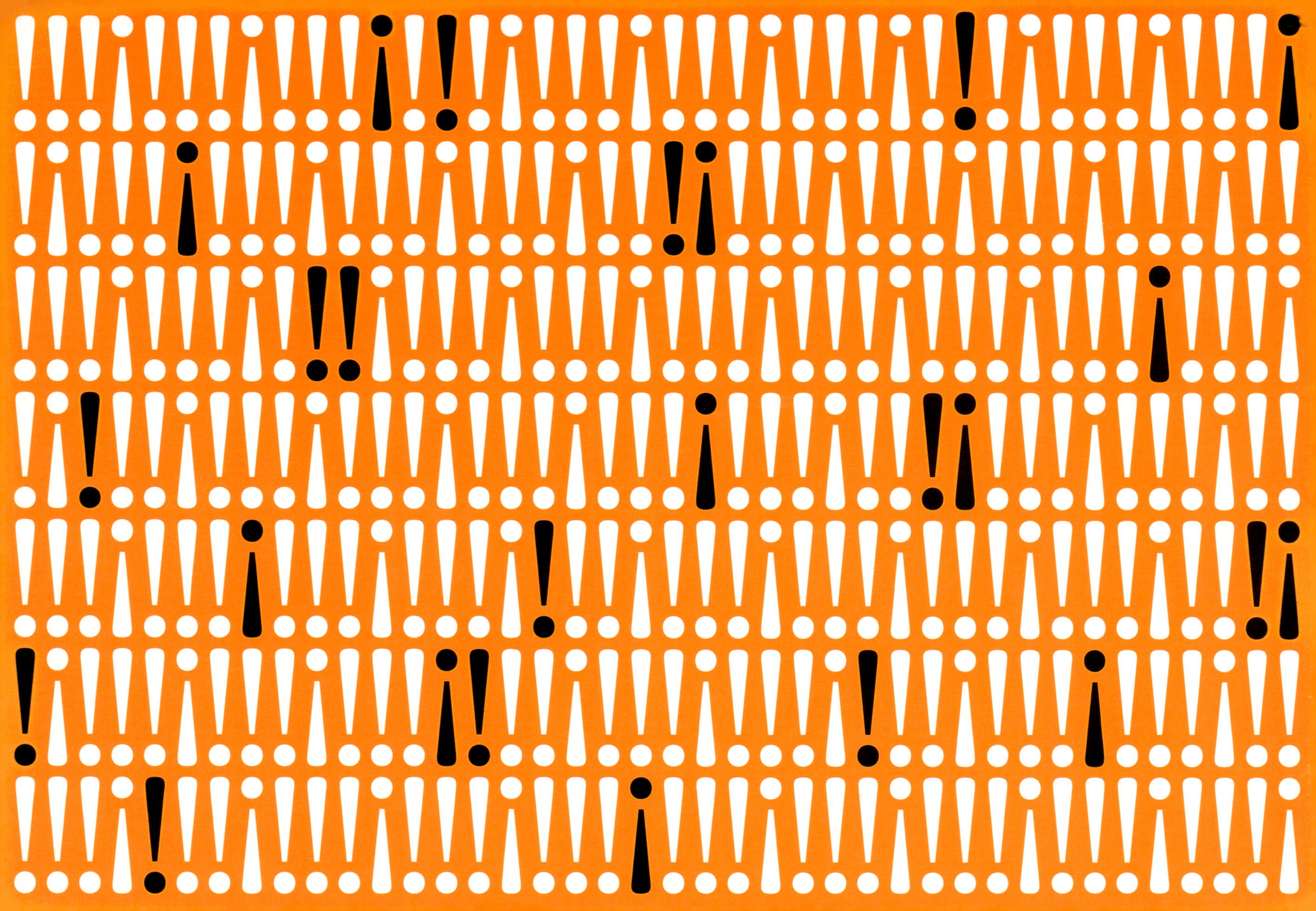

Denkst du, dass wir
härtere Strafen
in Deutschland brauchen?

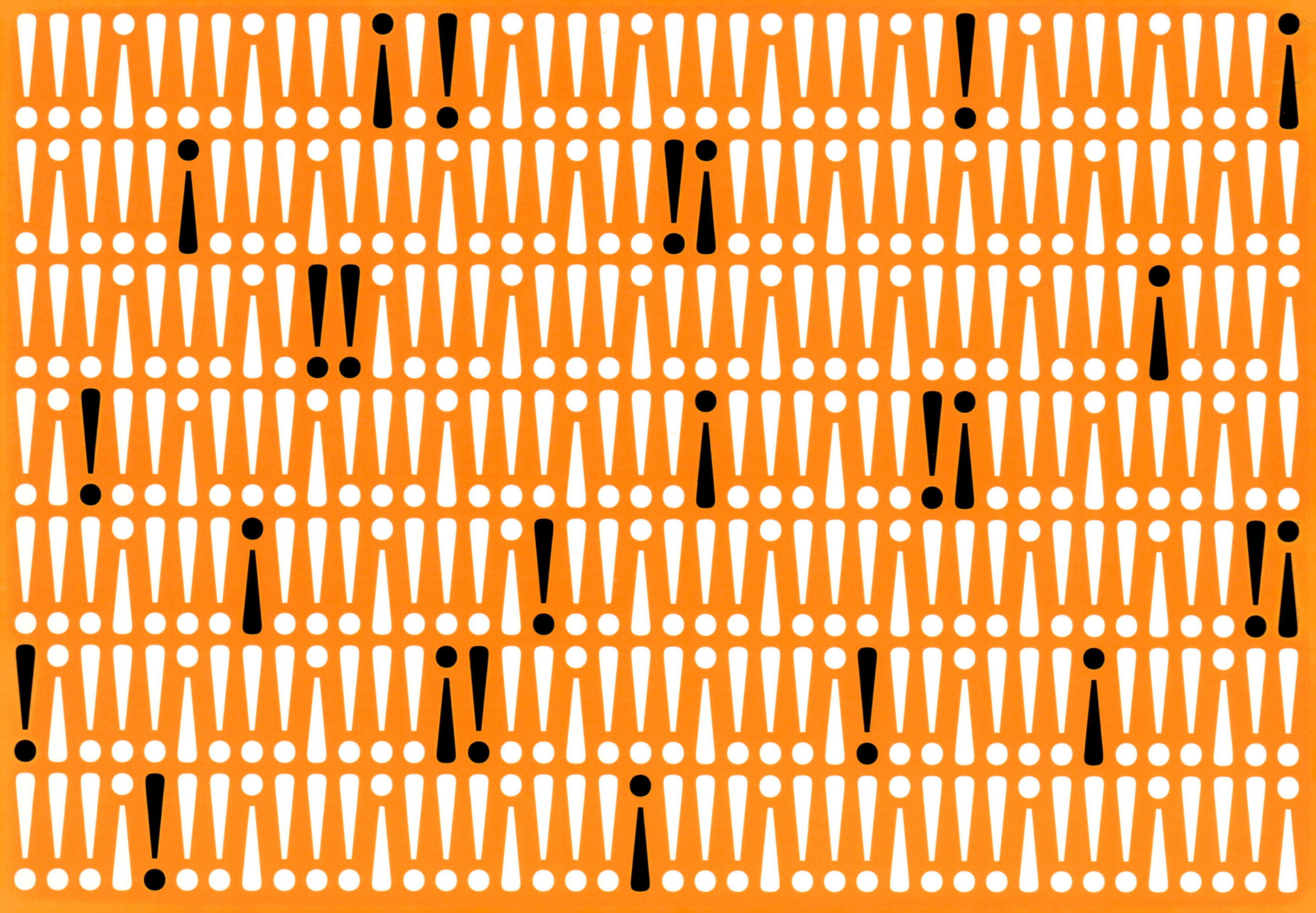

Kennst du
die **Menschenrechte**?

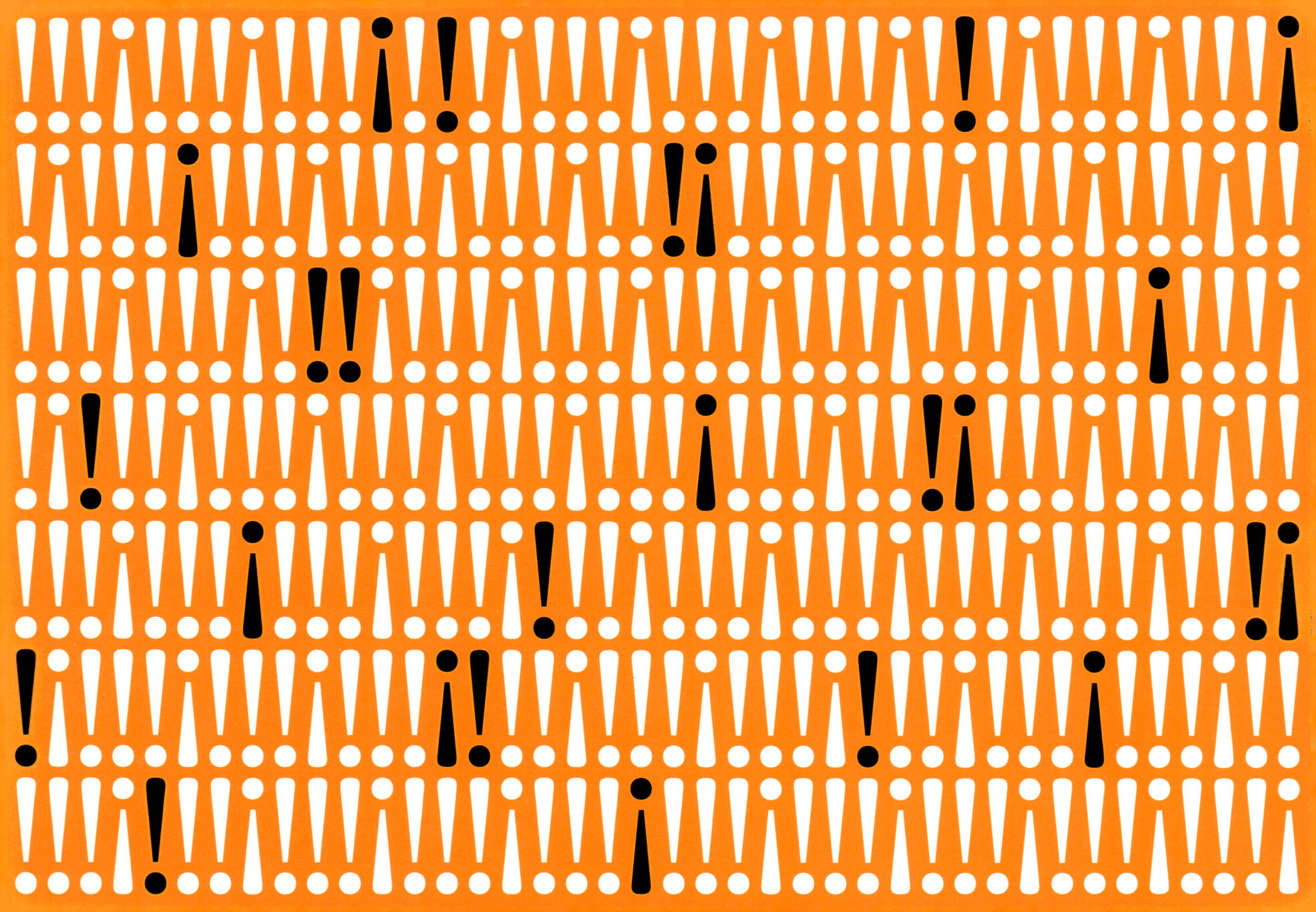

Denkst du,
dass der Islam
zu Deutschland passt?

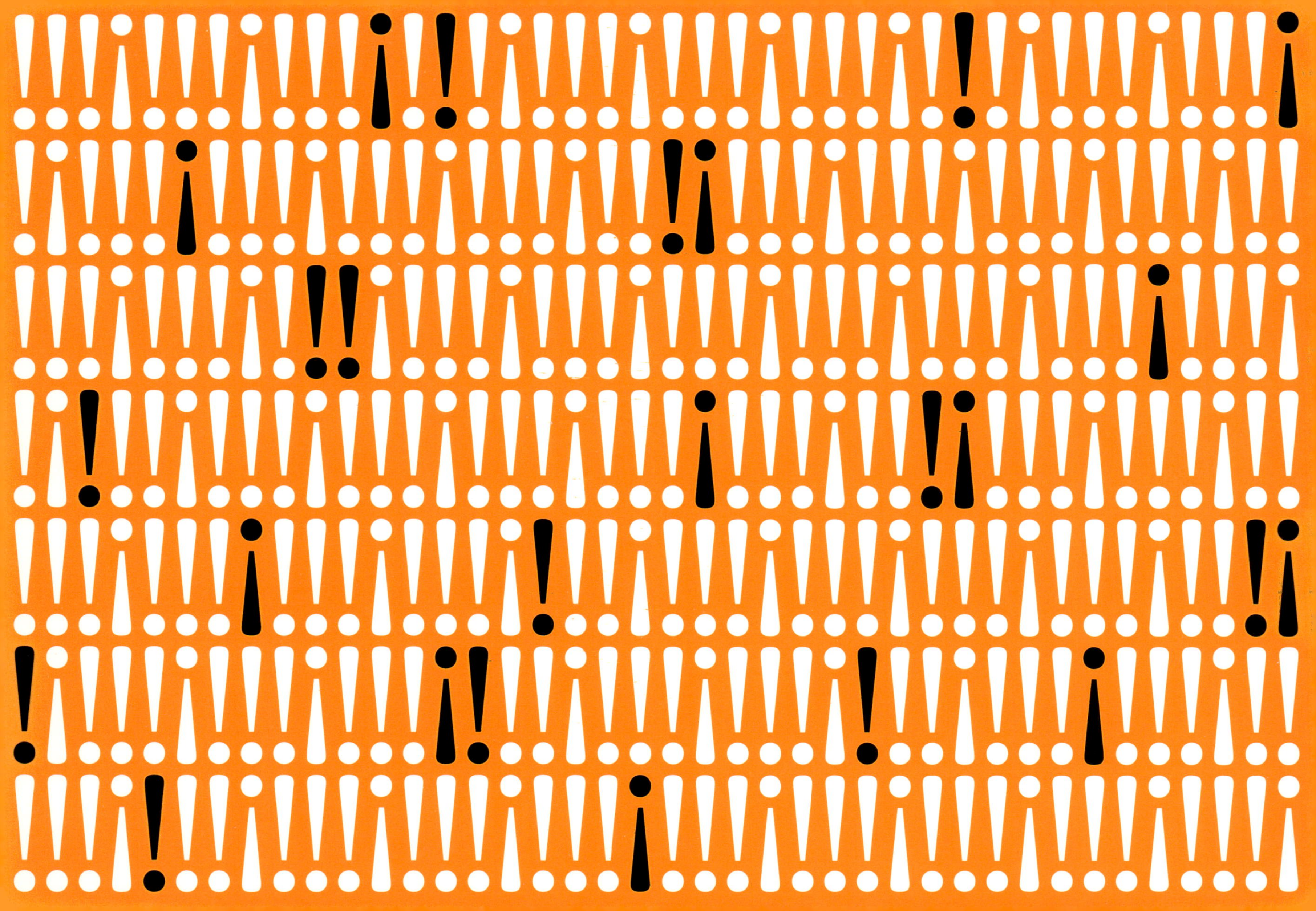

Findest du,
dass Deutschland
ein christliches Land ist?

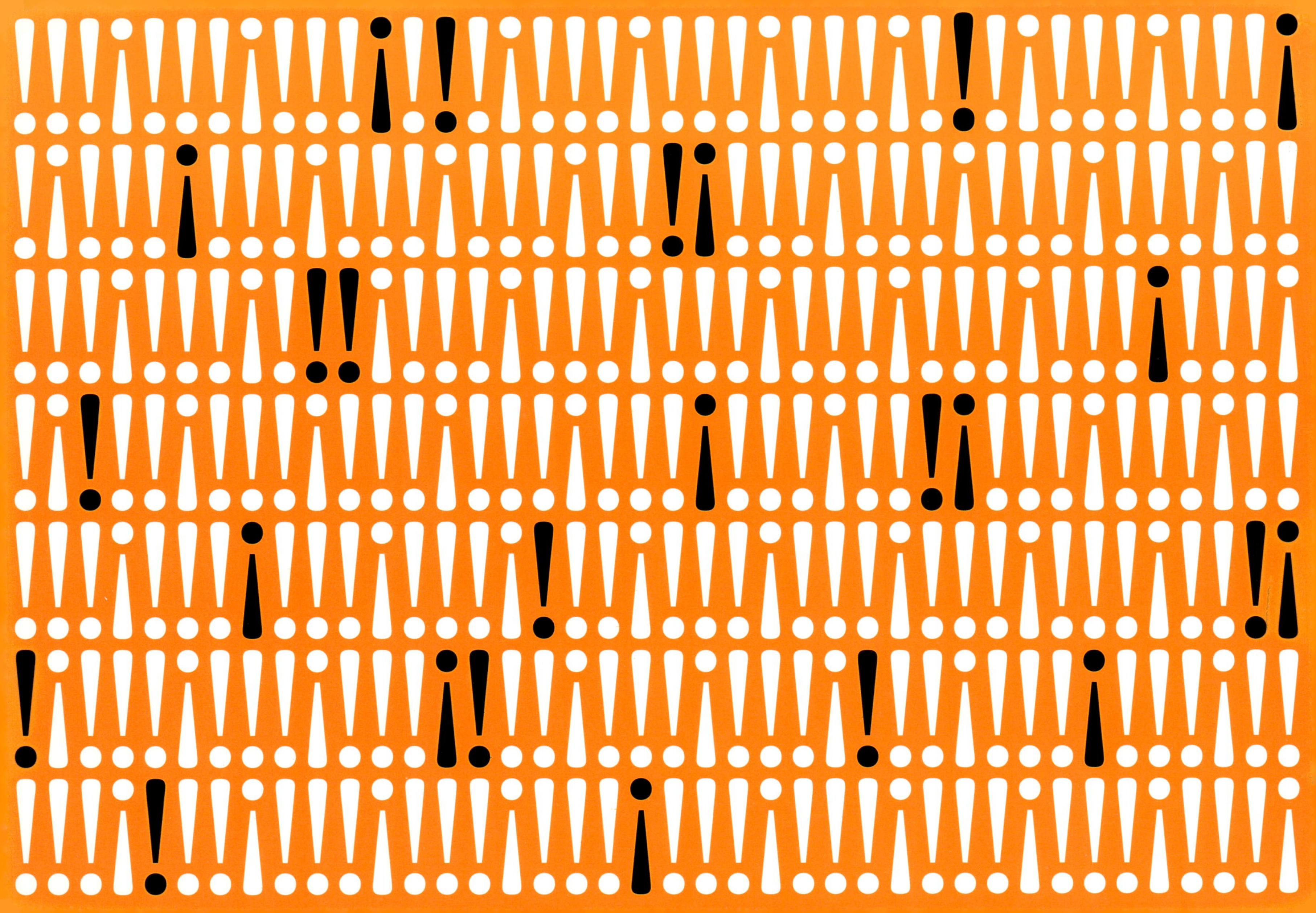

Findest du,
dass in Deutschland
zu viele »Ausländer« leben?

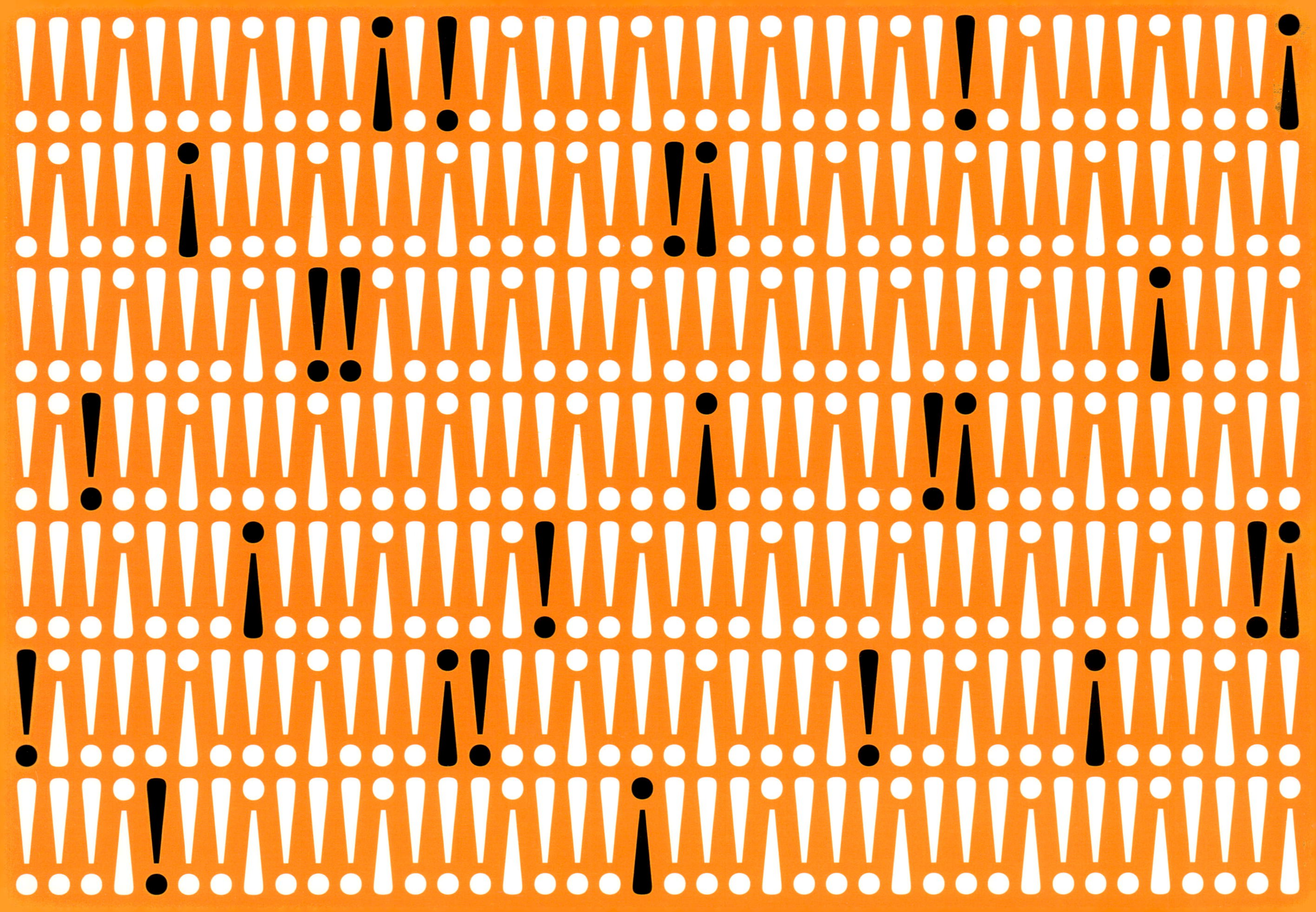

nein!

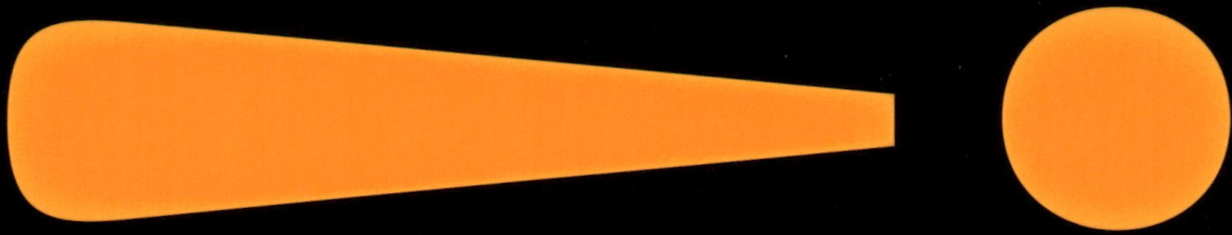

nein!

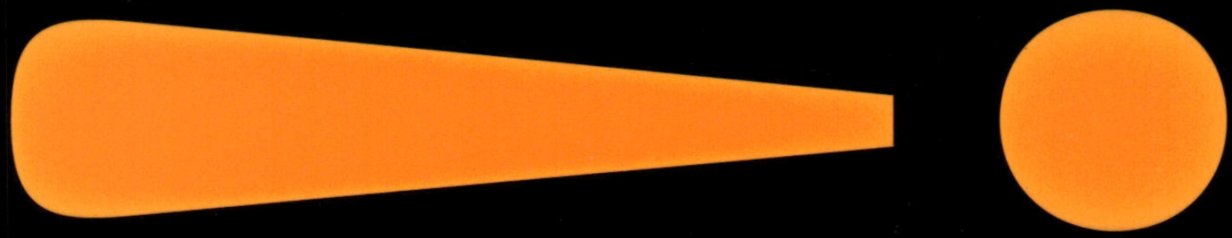

nein!

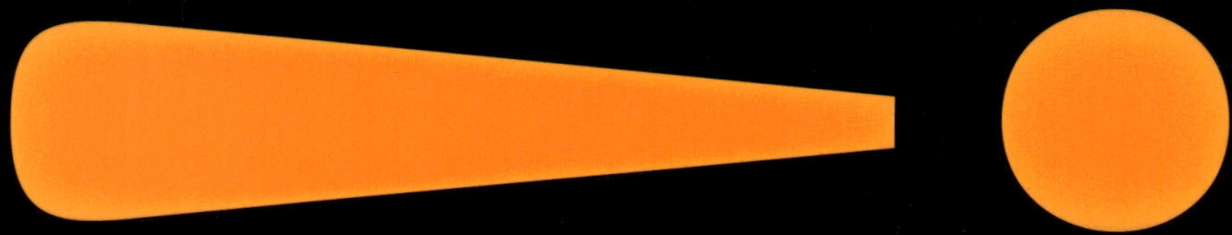

nein!

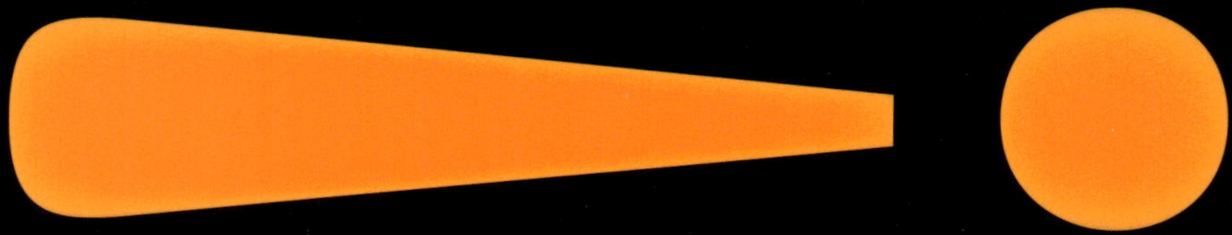

nein!

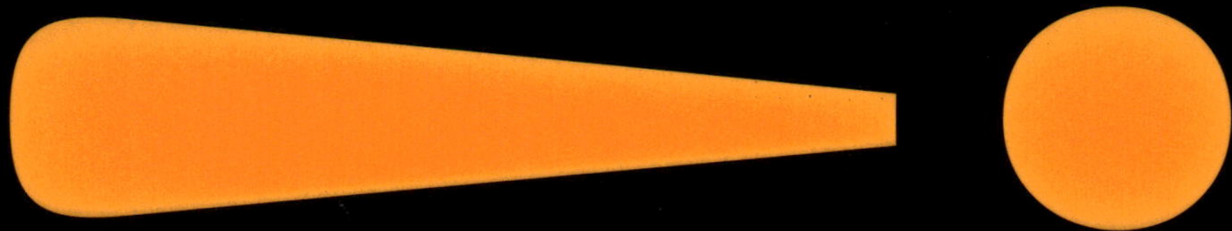

nein!

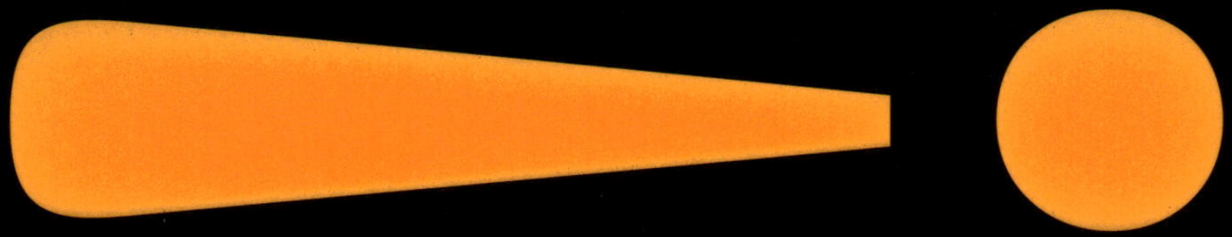

nein!

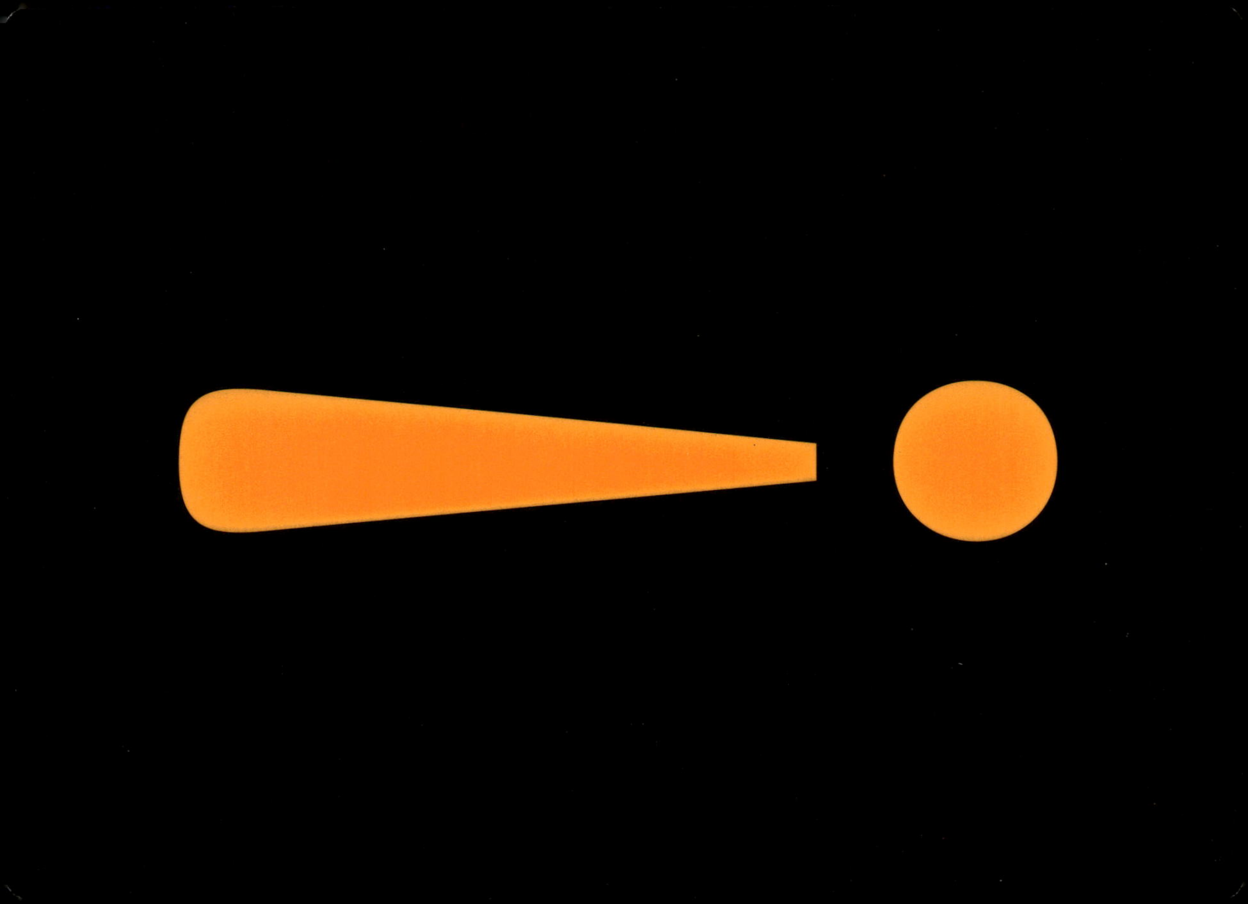

nein!

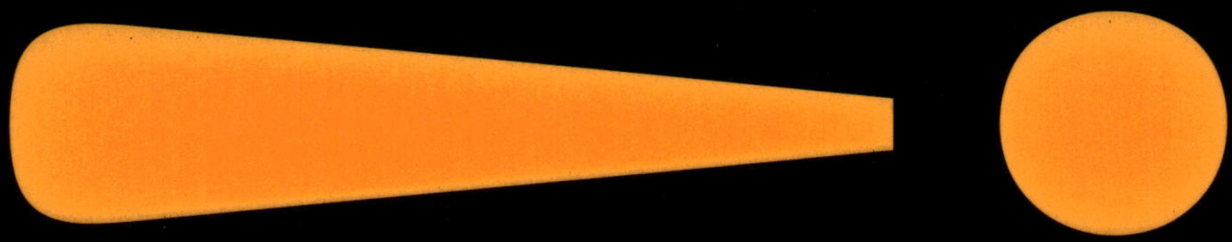

nein!

nein!

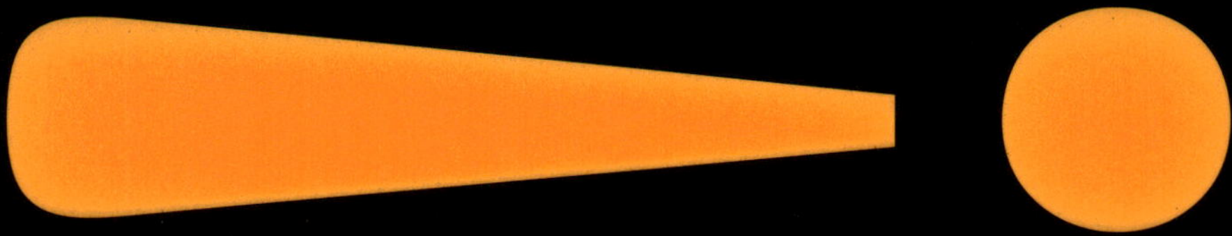

nein!

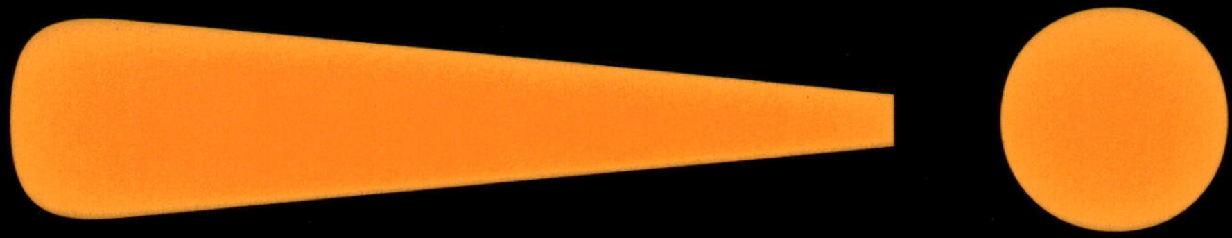

nein!

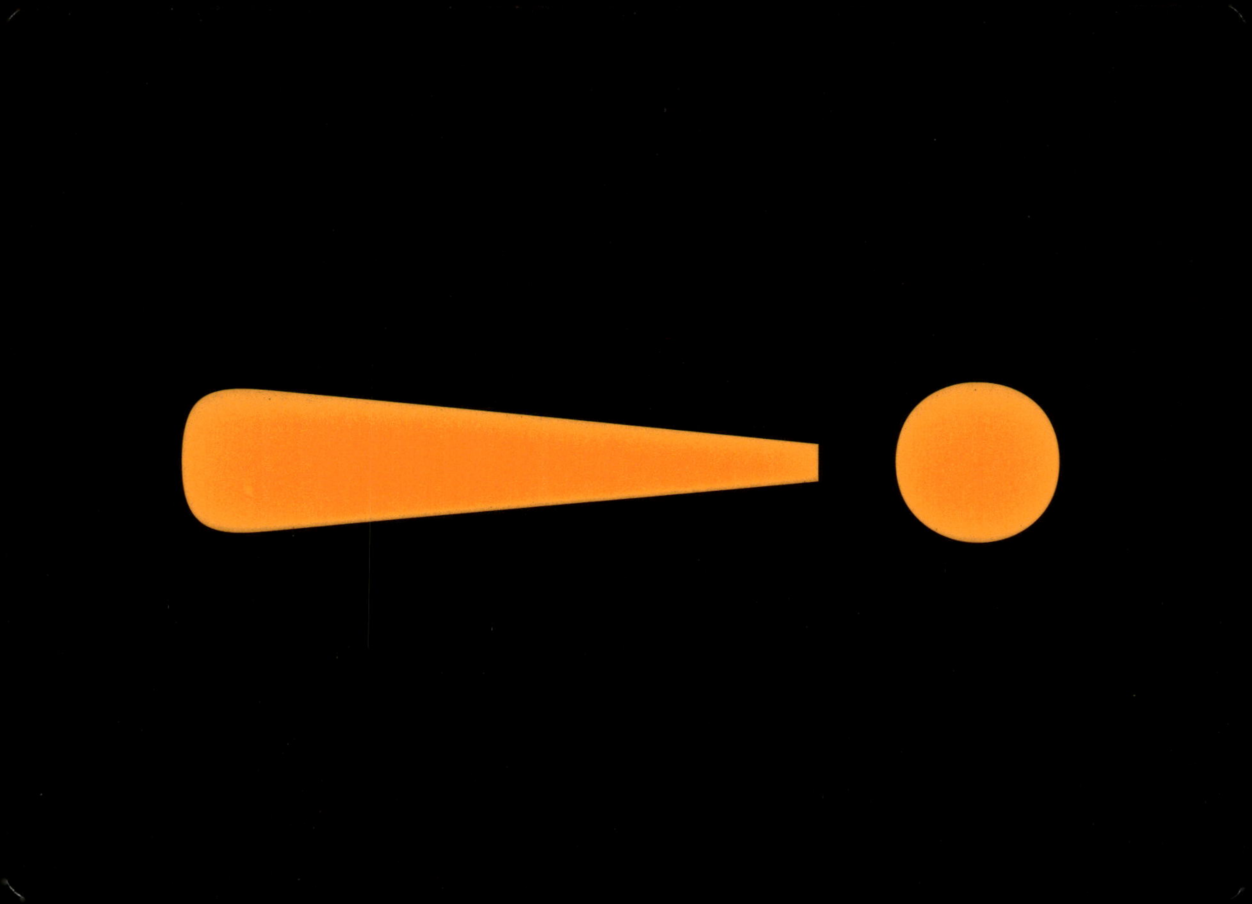

nein!

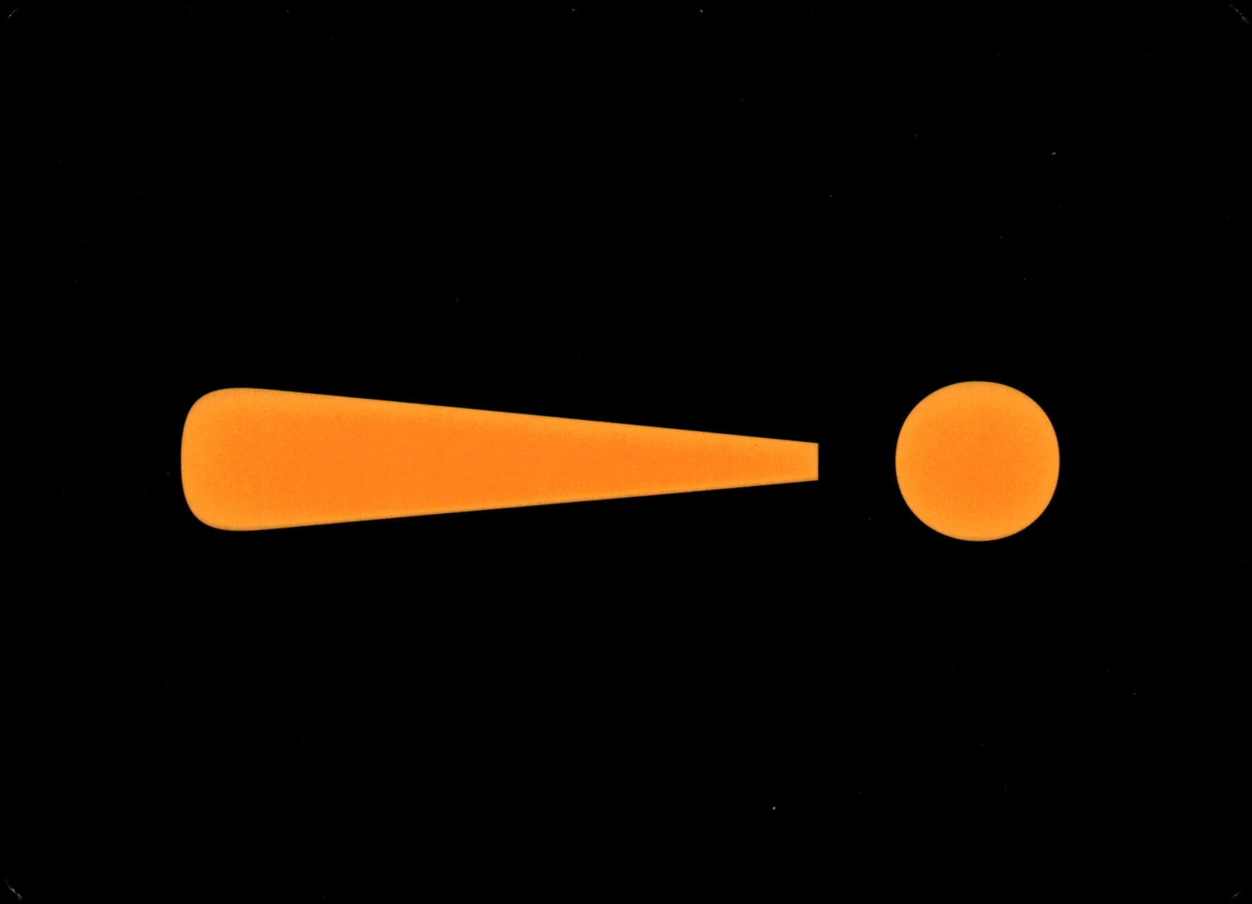

nein!

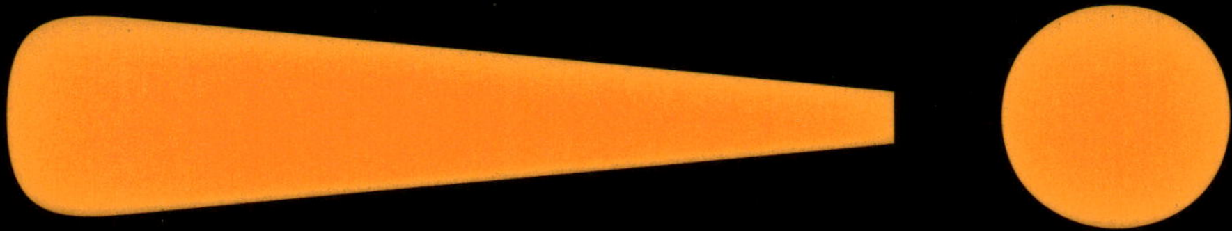

nein!

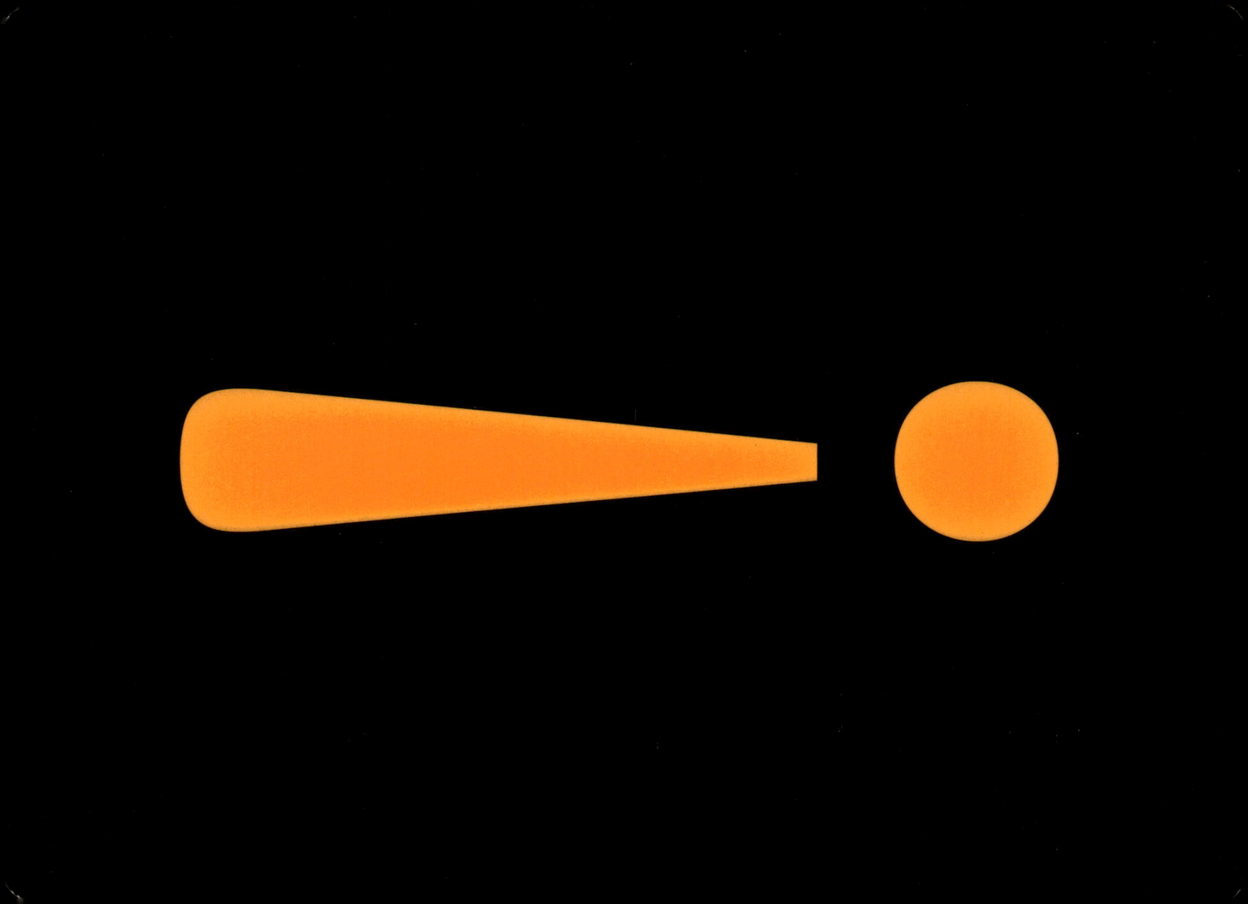

nein!

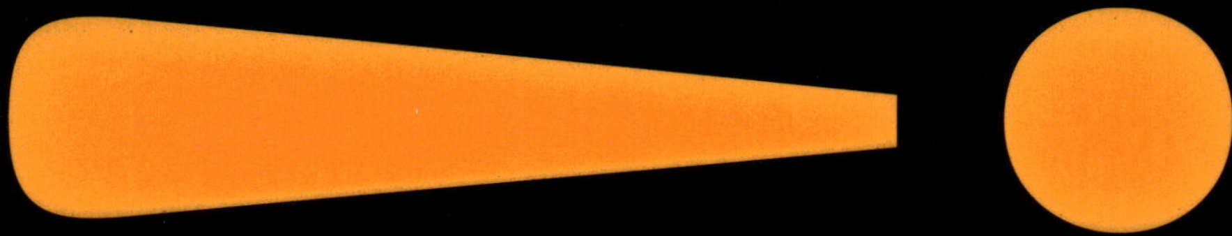

nein!

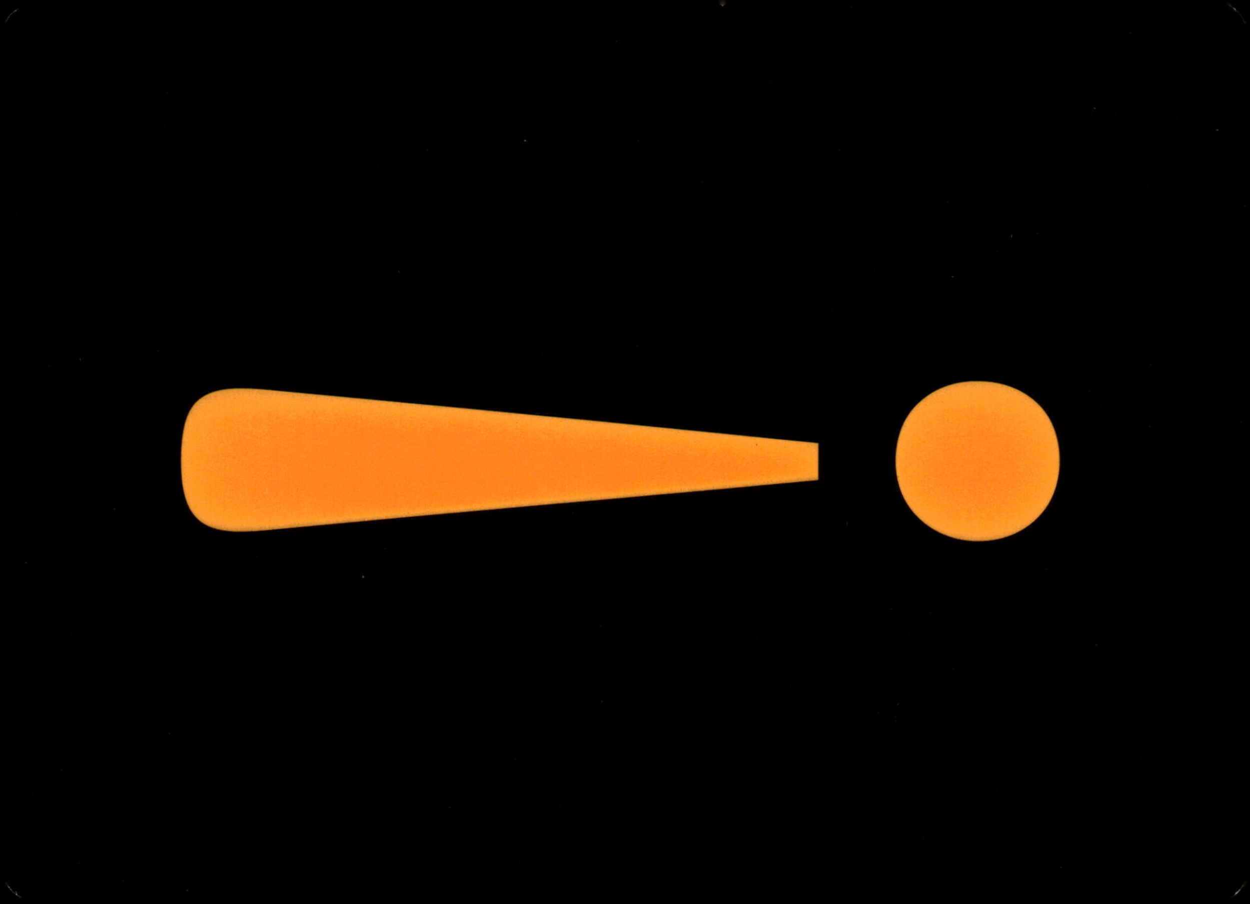

nein!

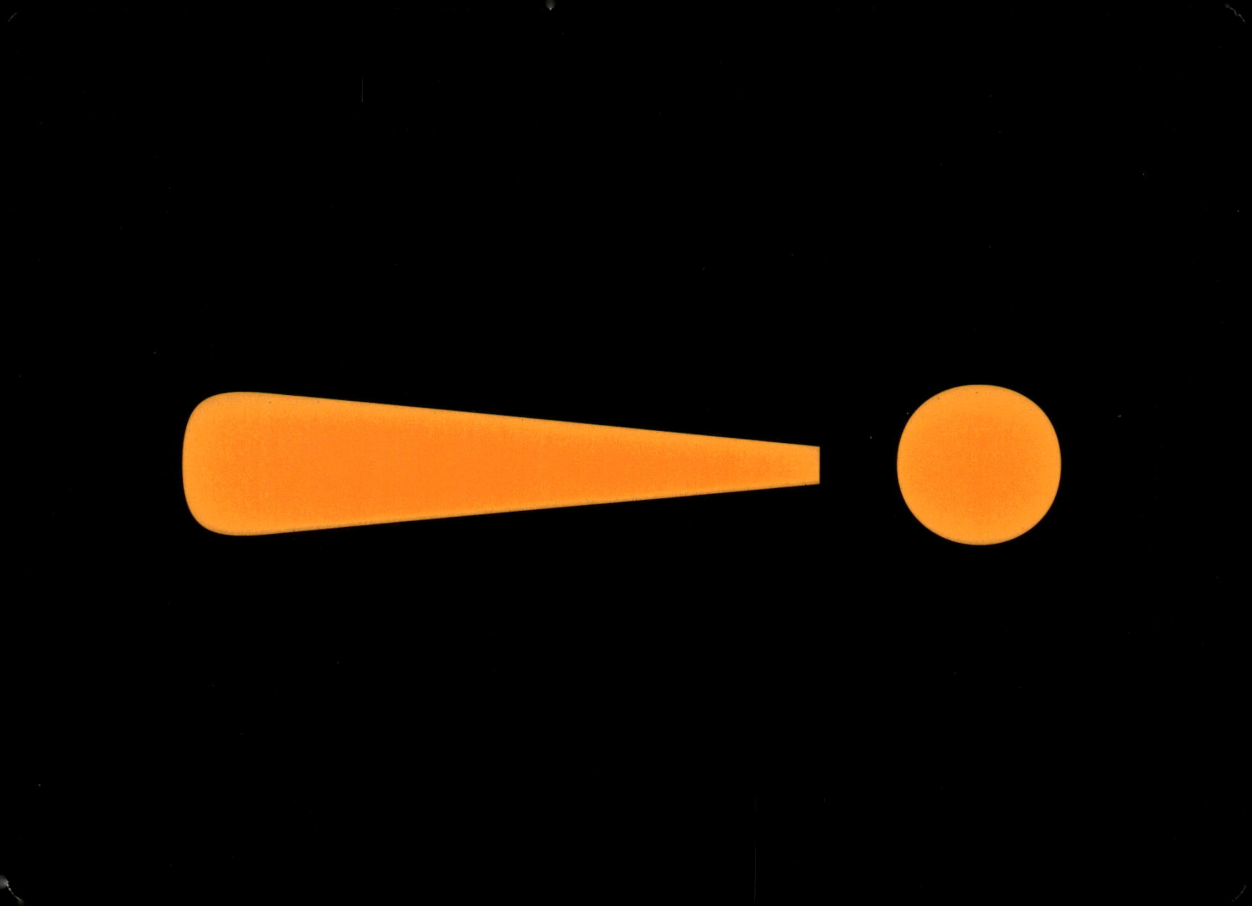

nein!

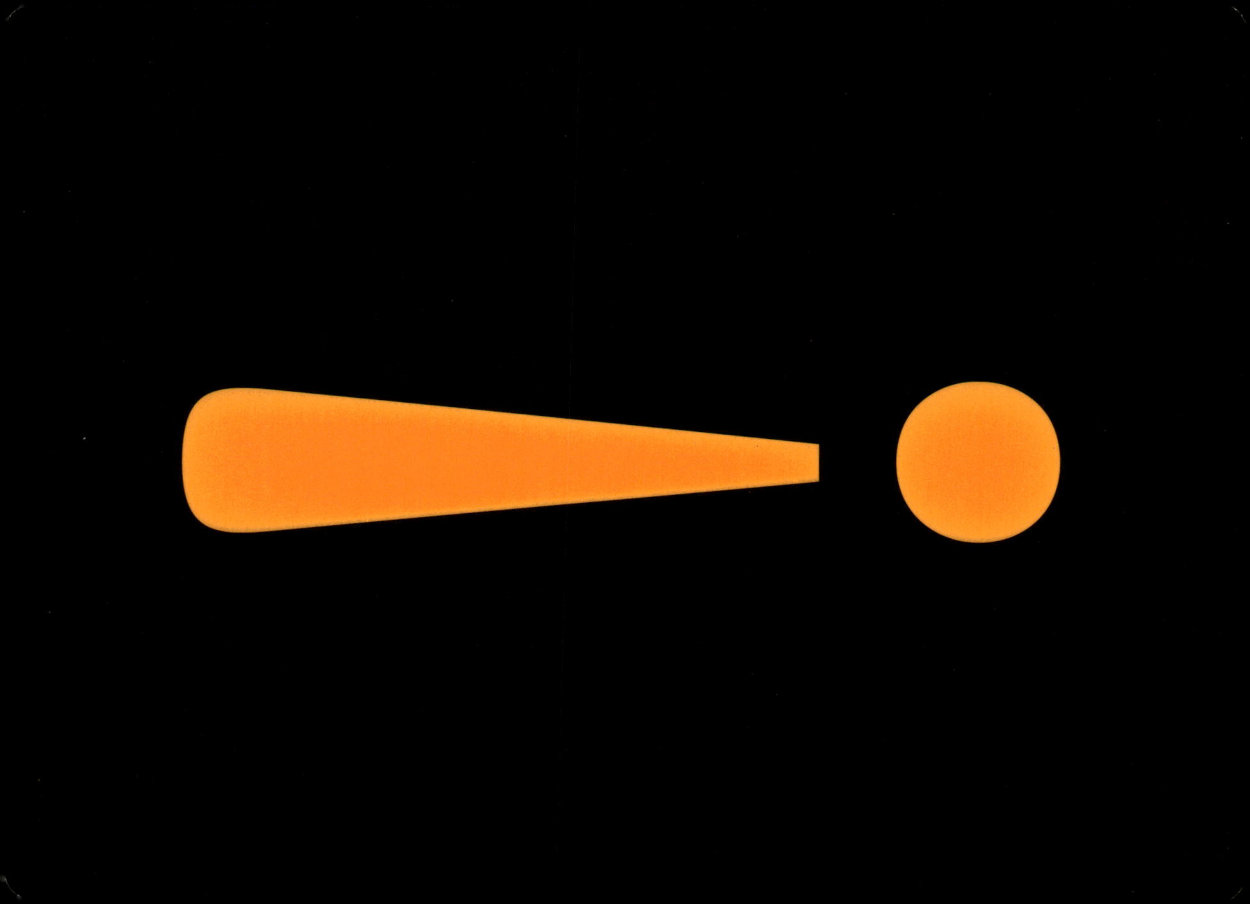

nein!

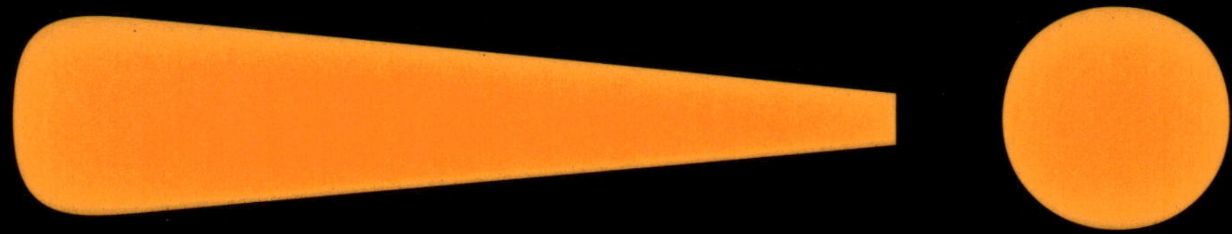

nein!

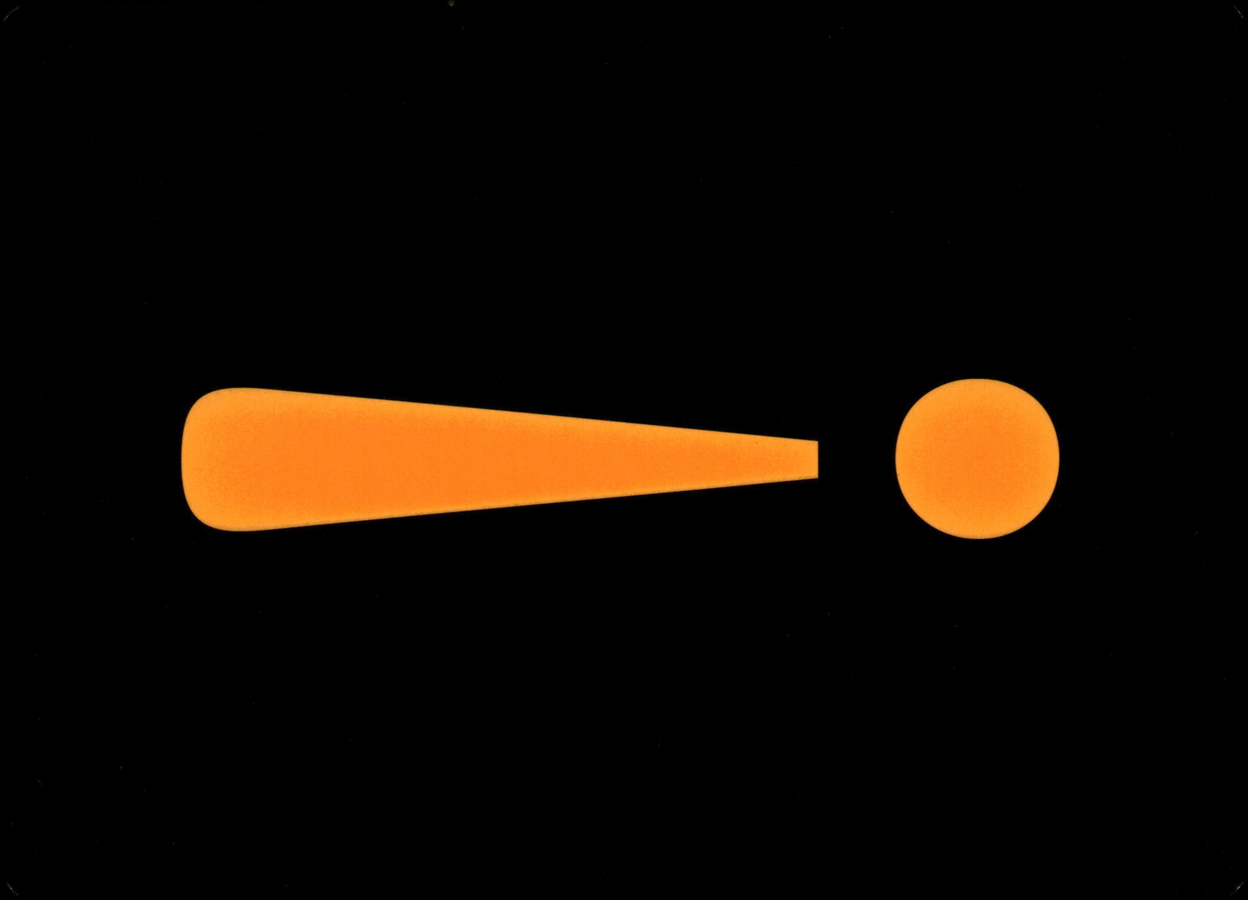

nein!

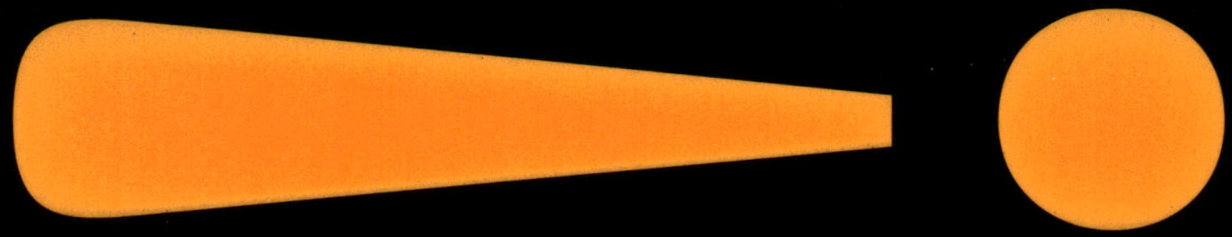

nein!

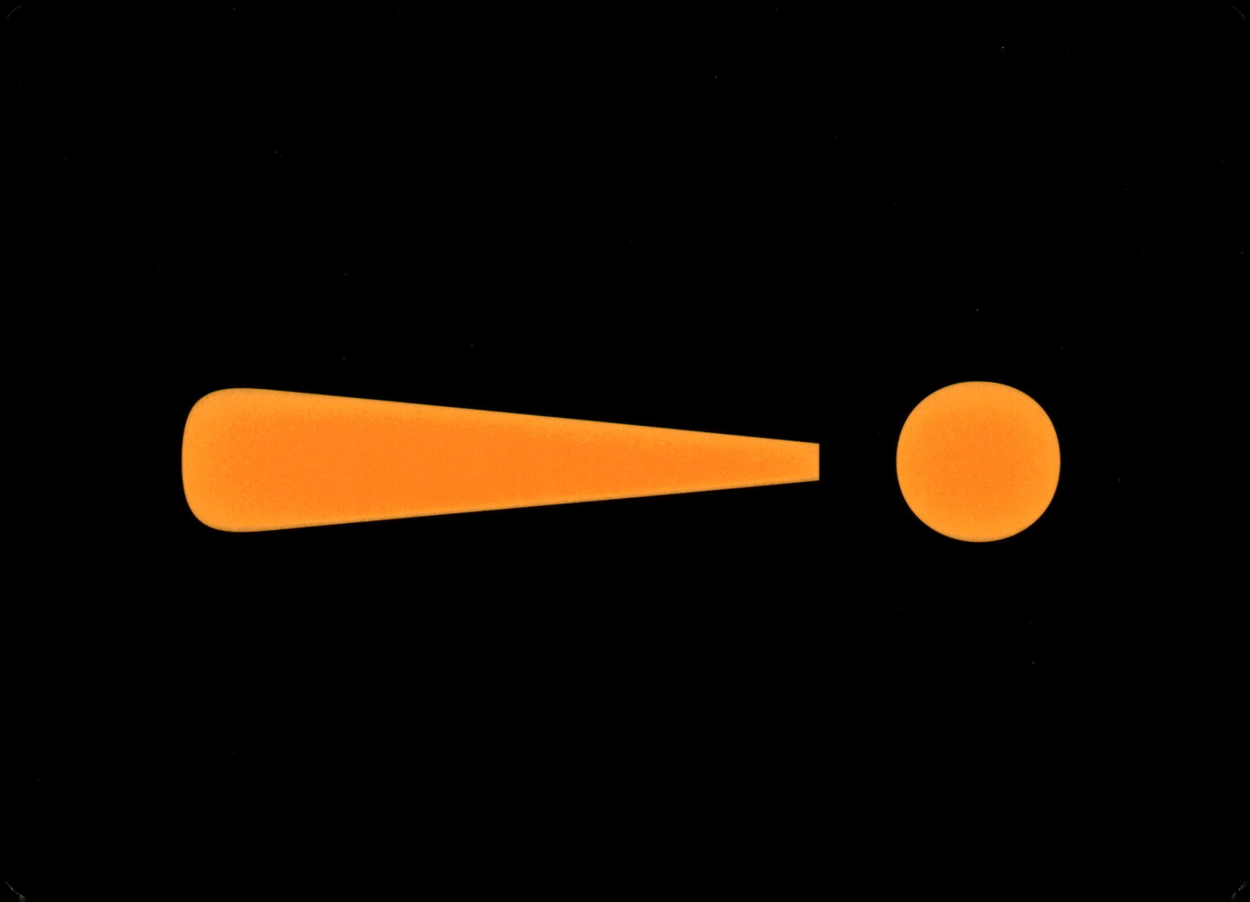

nein!

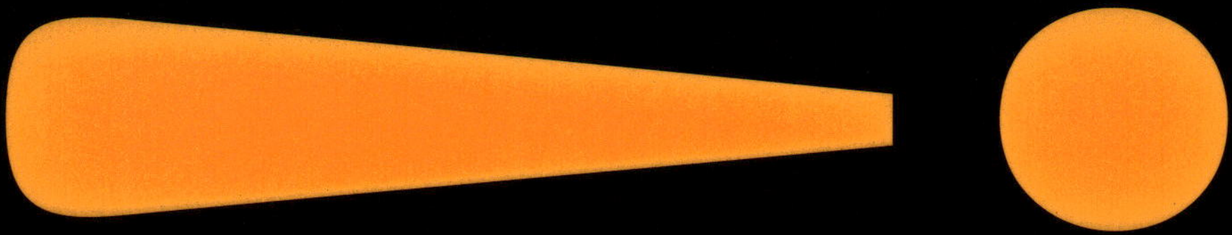

nein!

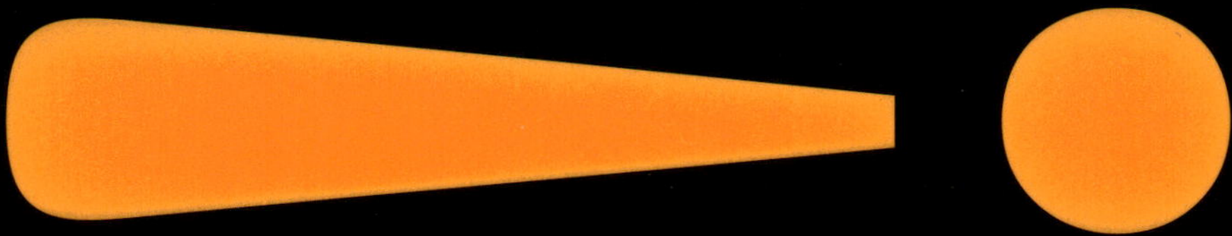

nein!

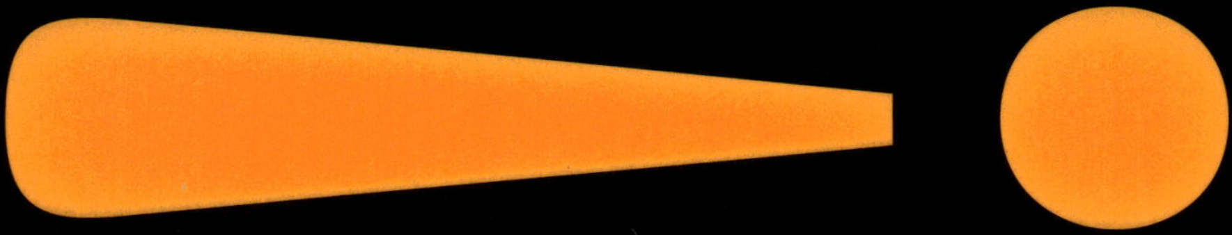

nein!

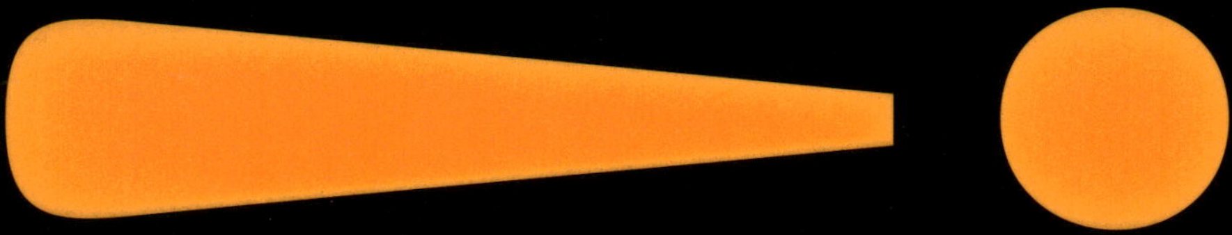

ja!

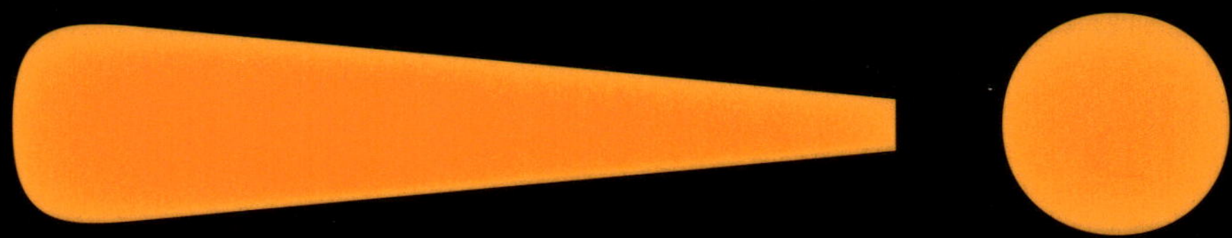

ja!

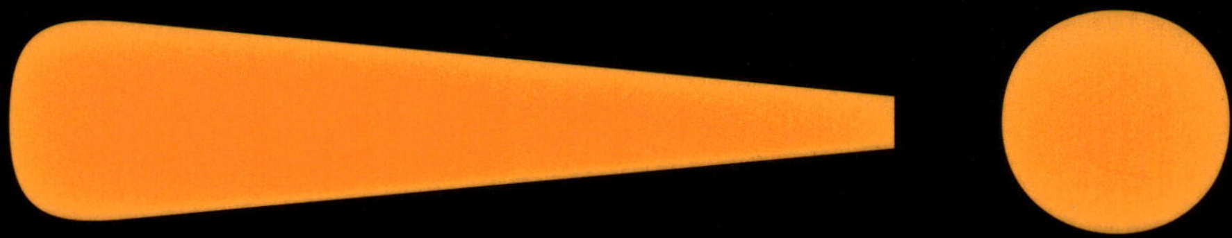

ja!

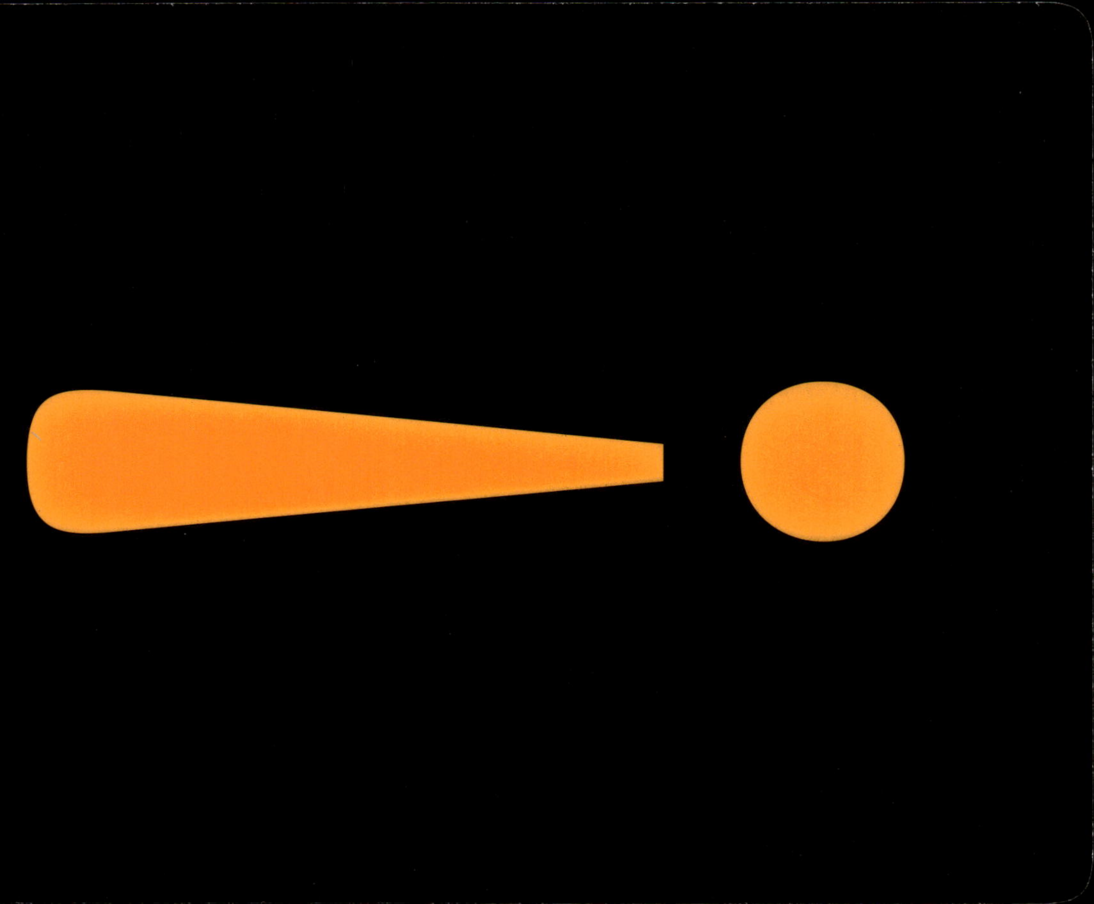

ja!

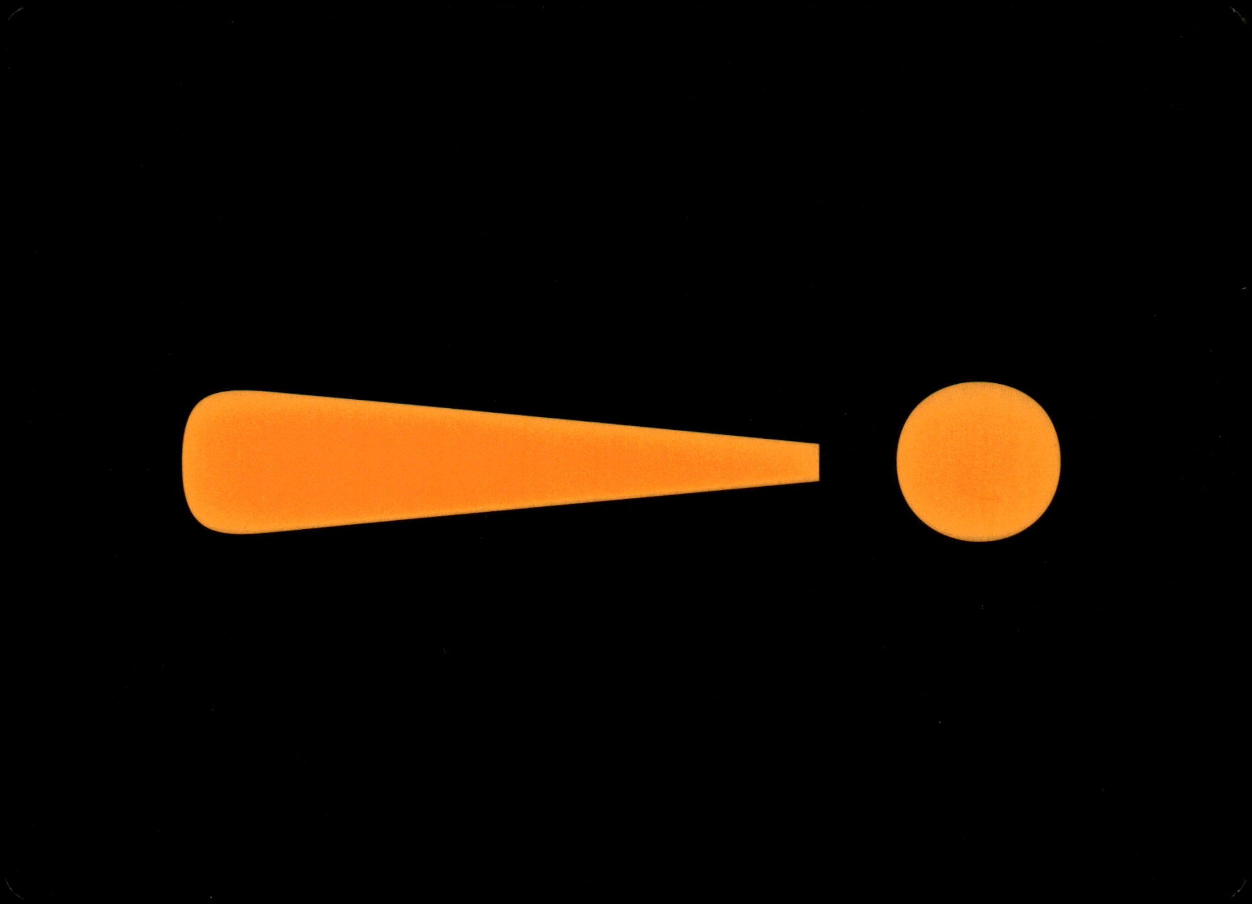

ja!

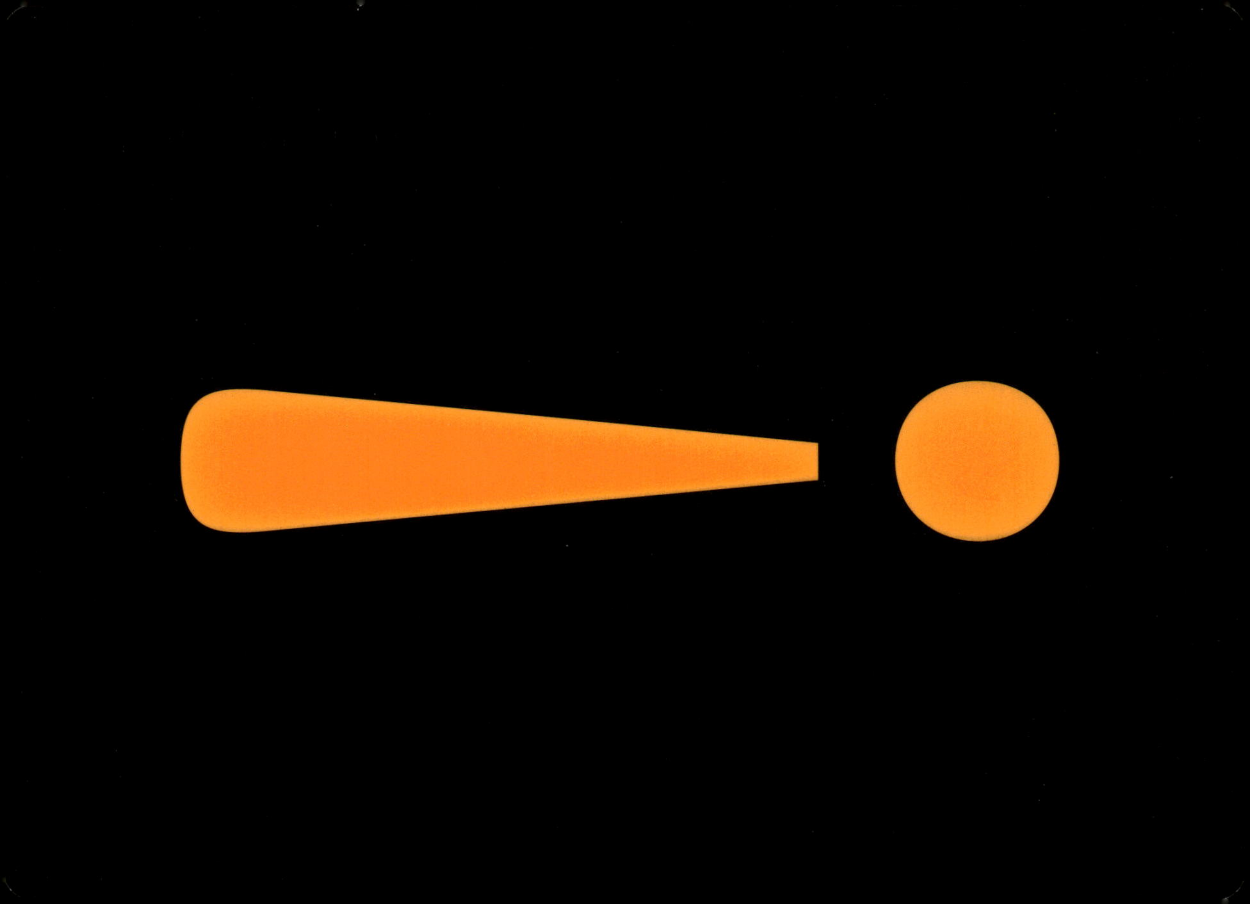

ja!

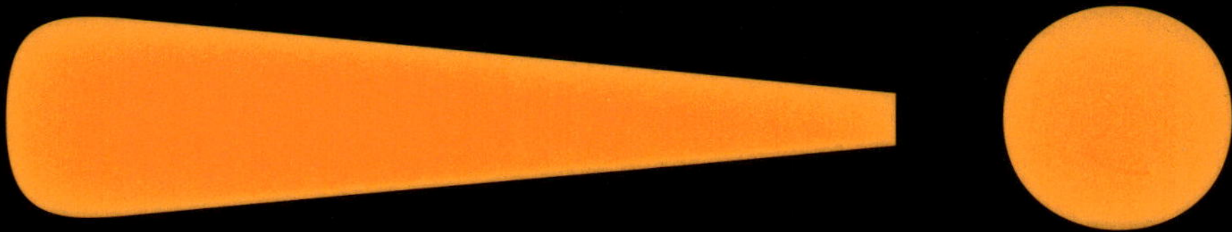

ja!

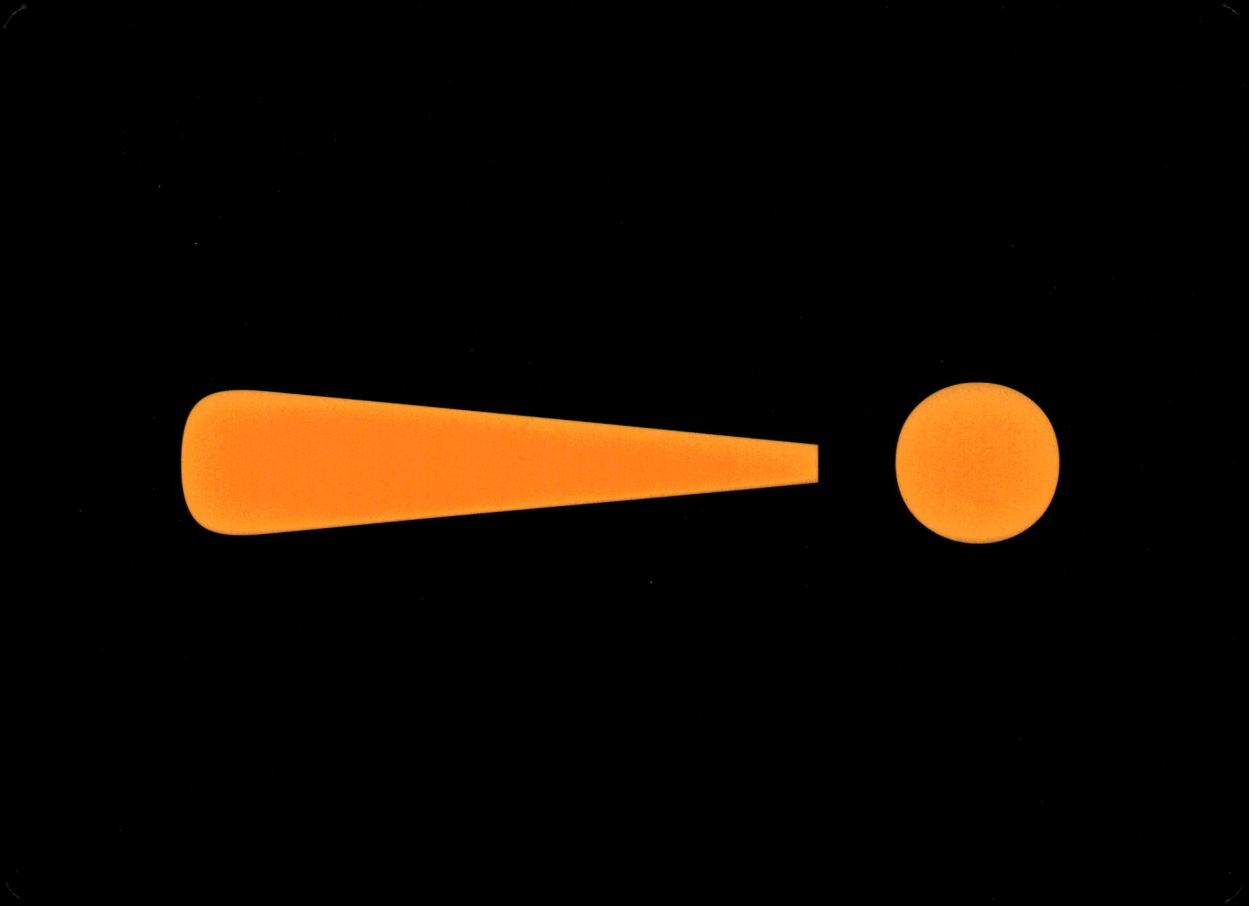

ja!

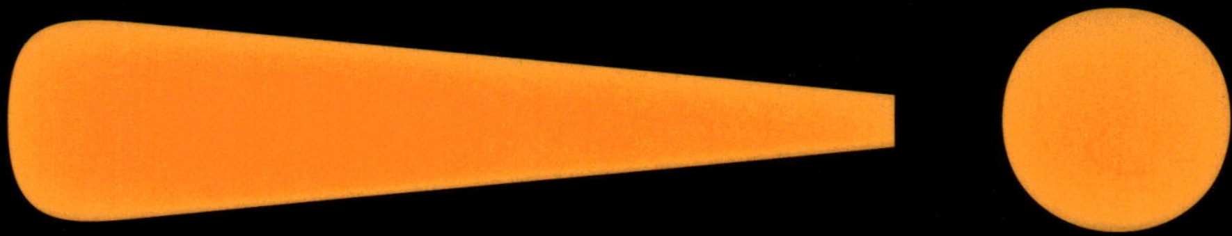

ja!

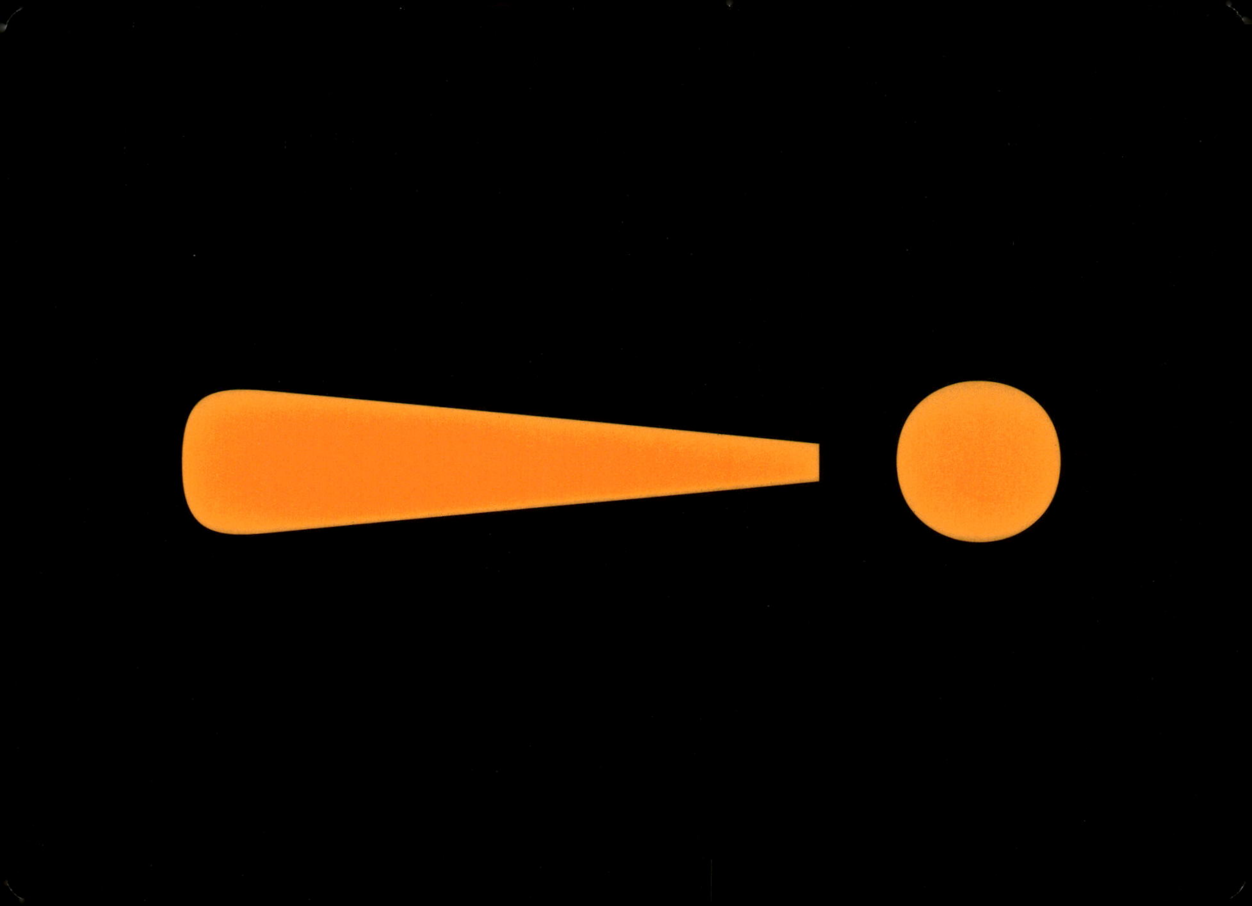

ja!

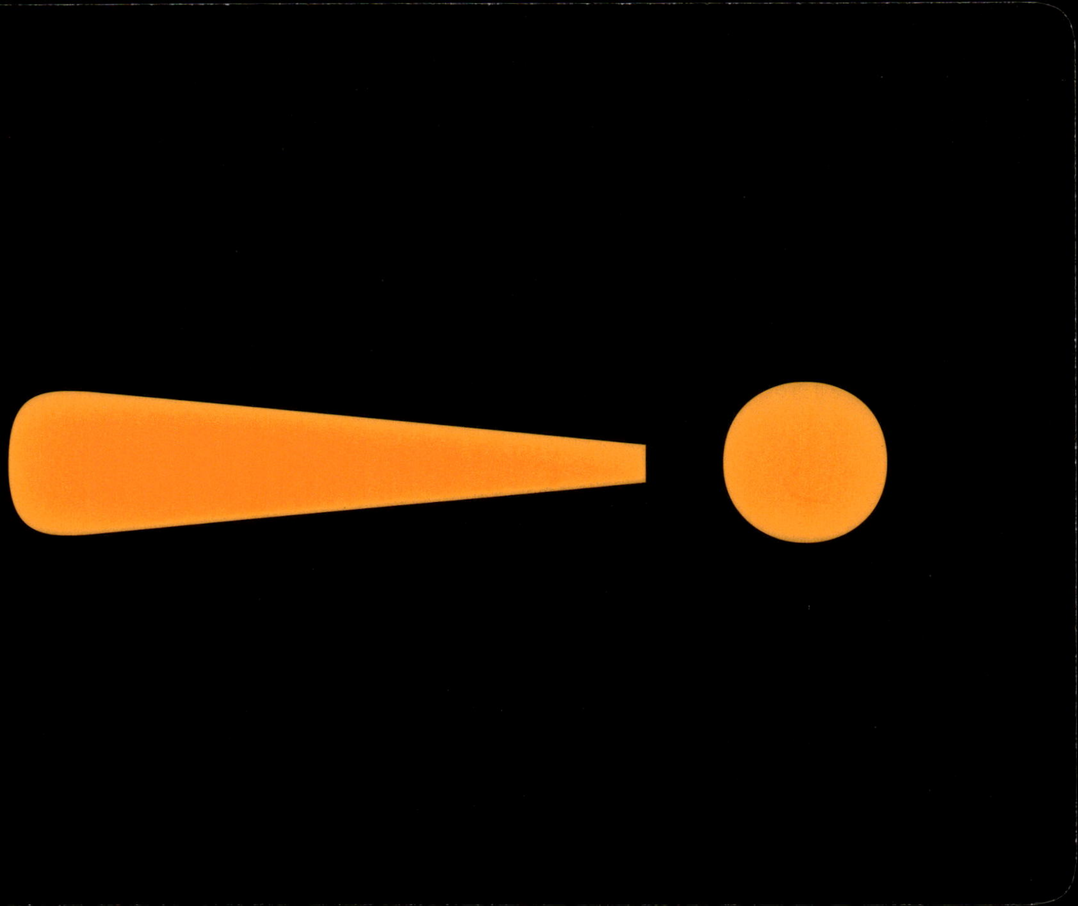

ja!

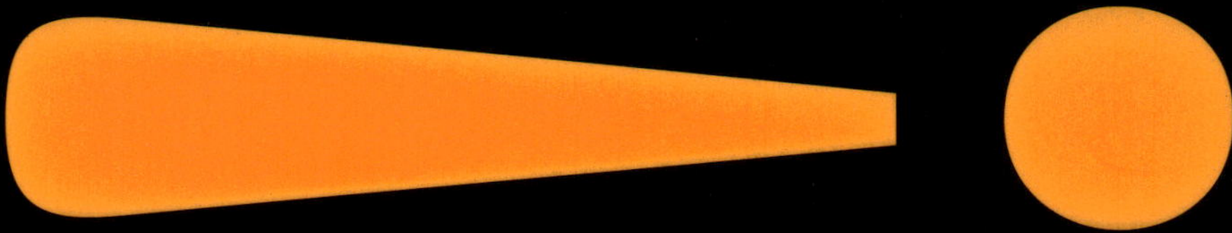

ja!

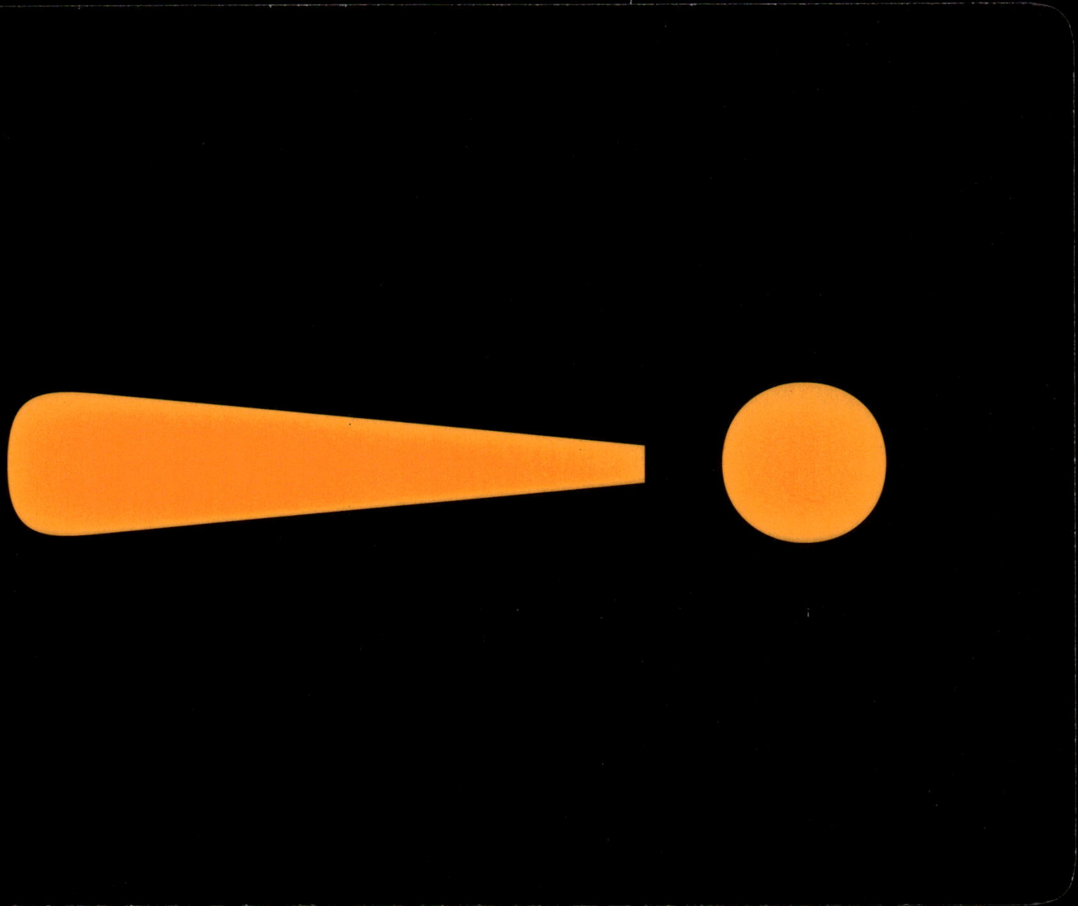

ja!

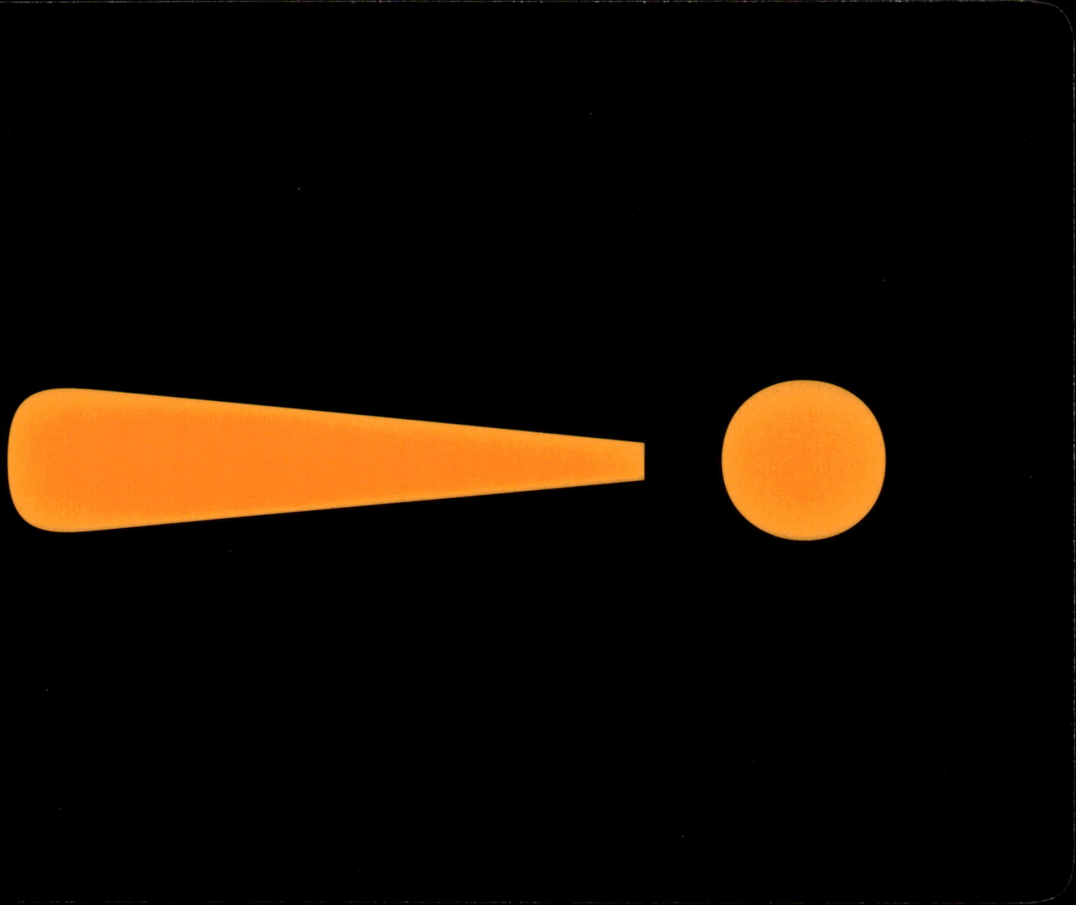

ja!

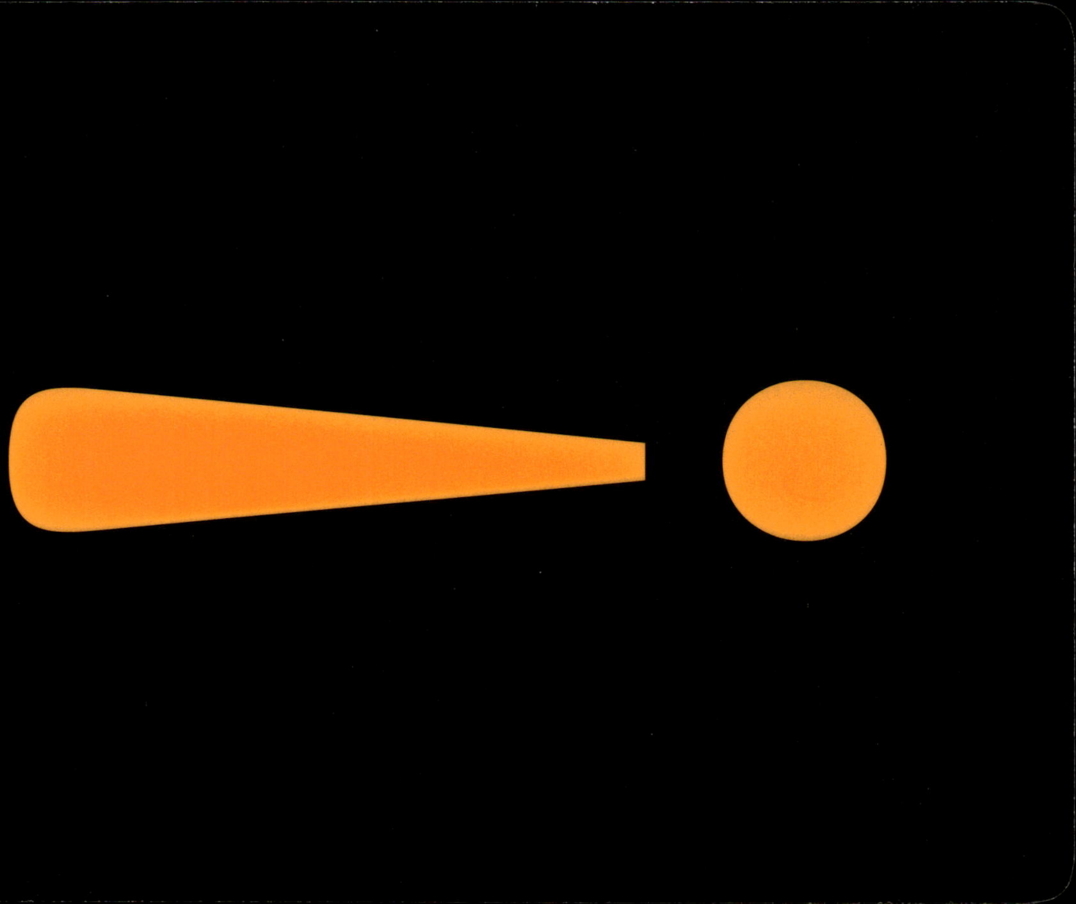

ja!

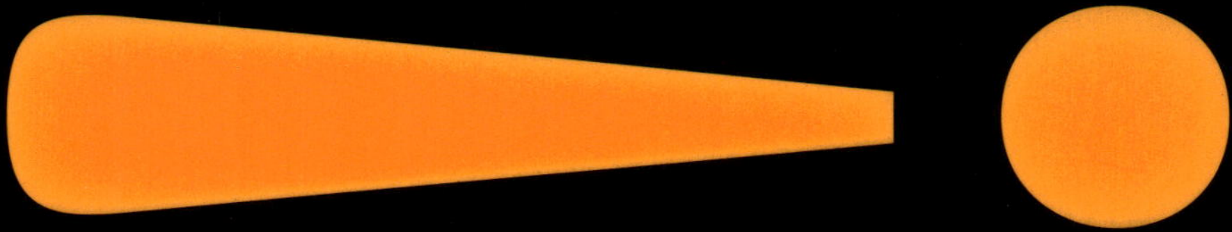

ja!

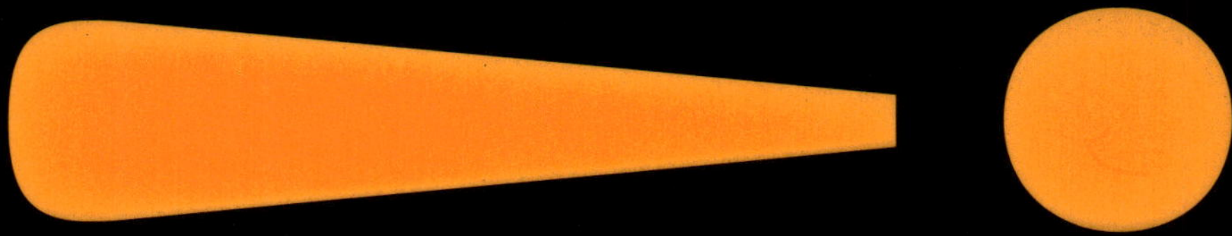

ja!

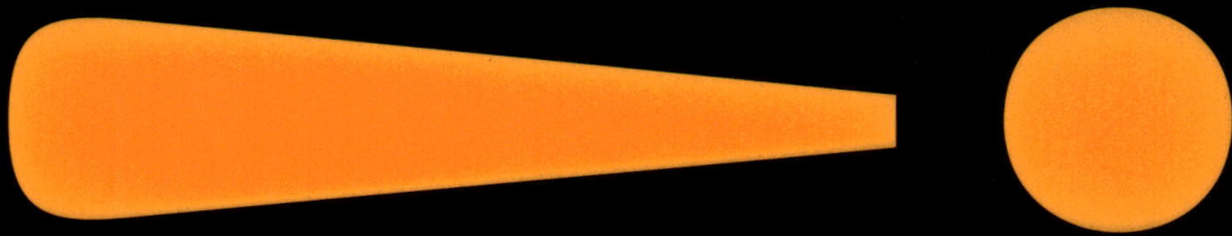

ja!

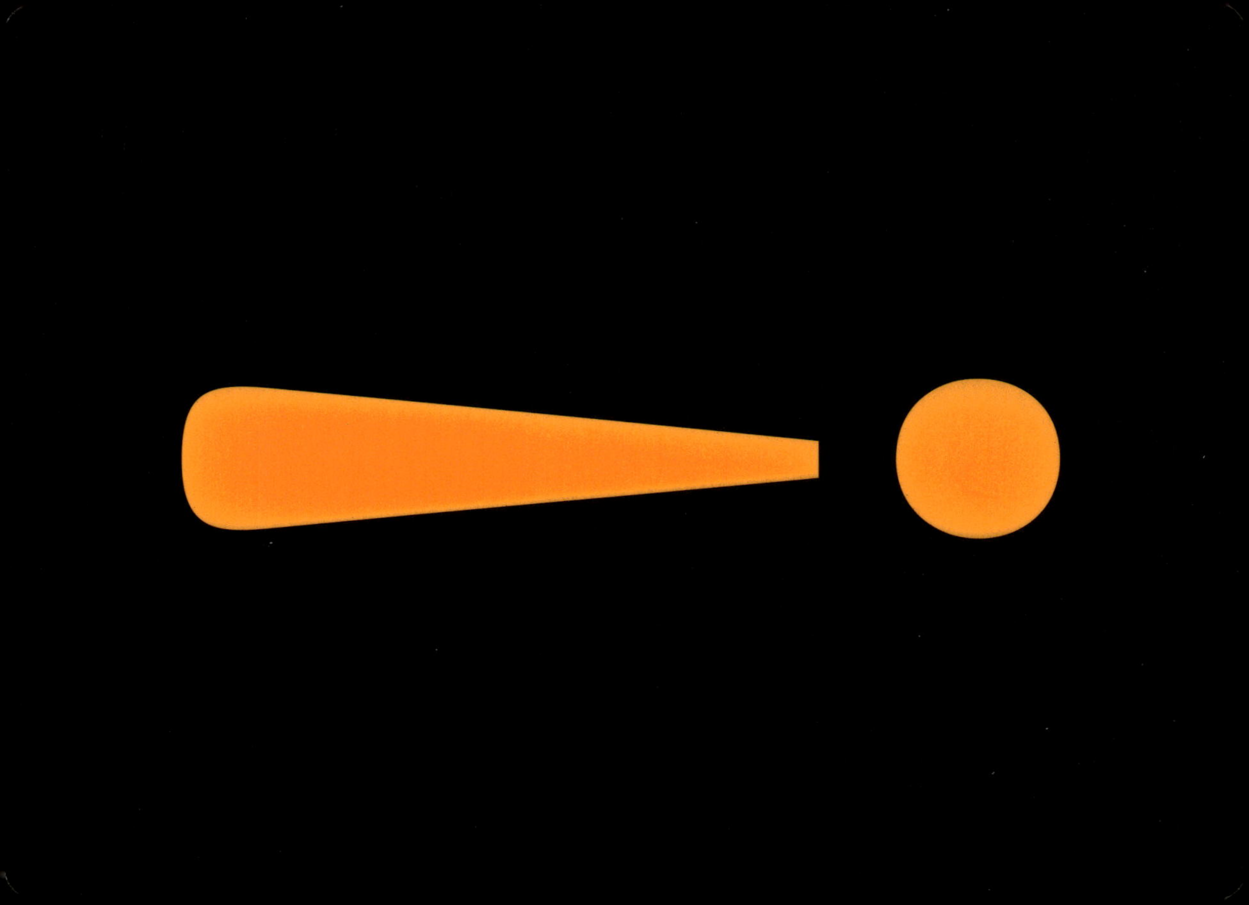

ja!

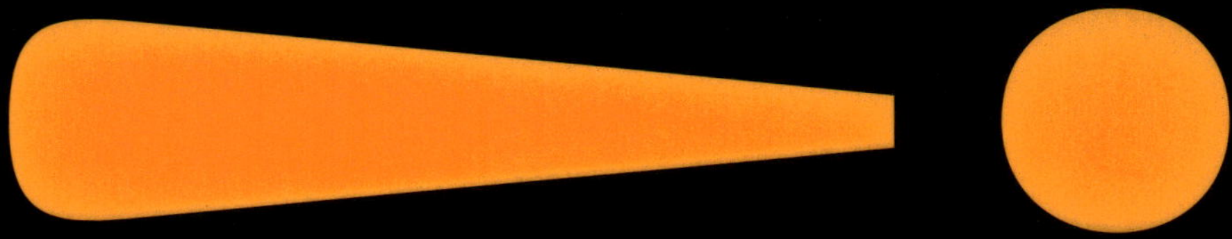

ja!

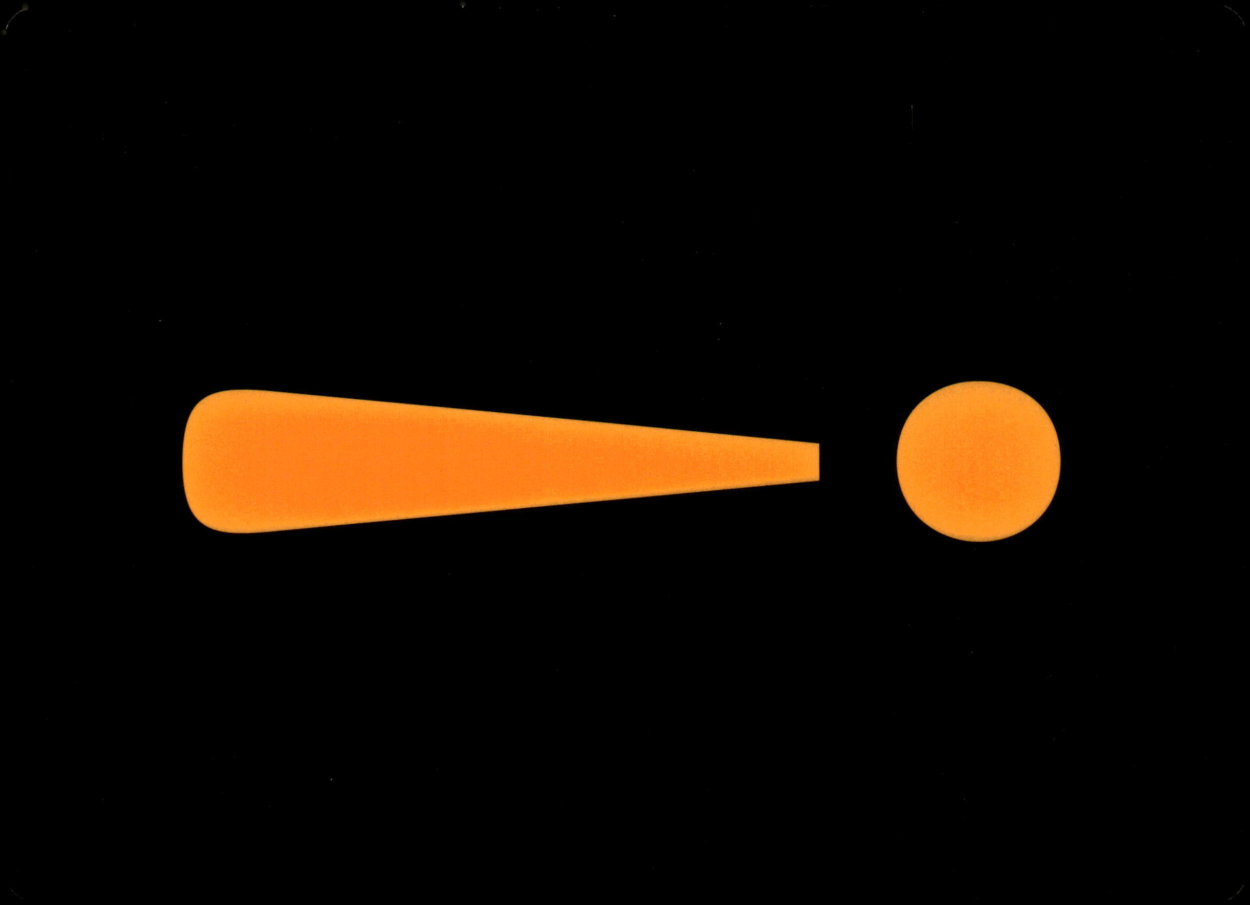

ja!

ja!

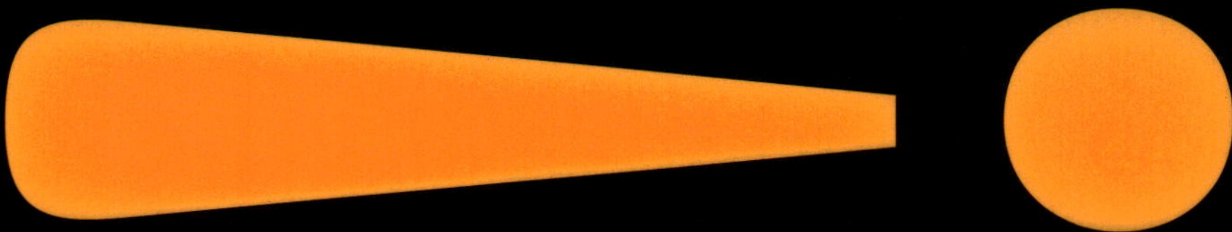

ja!

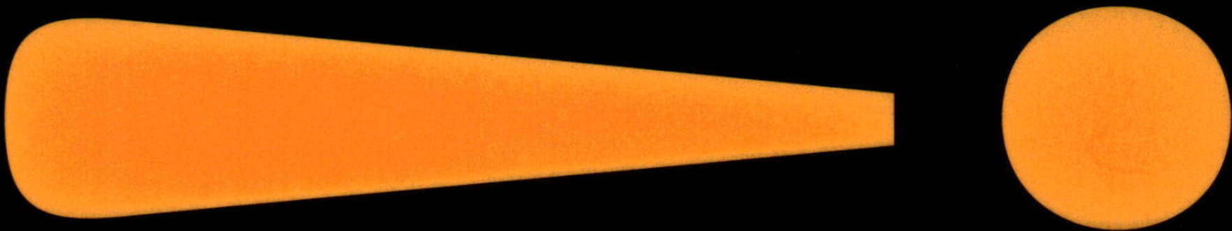

ja!

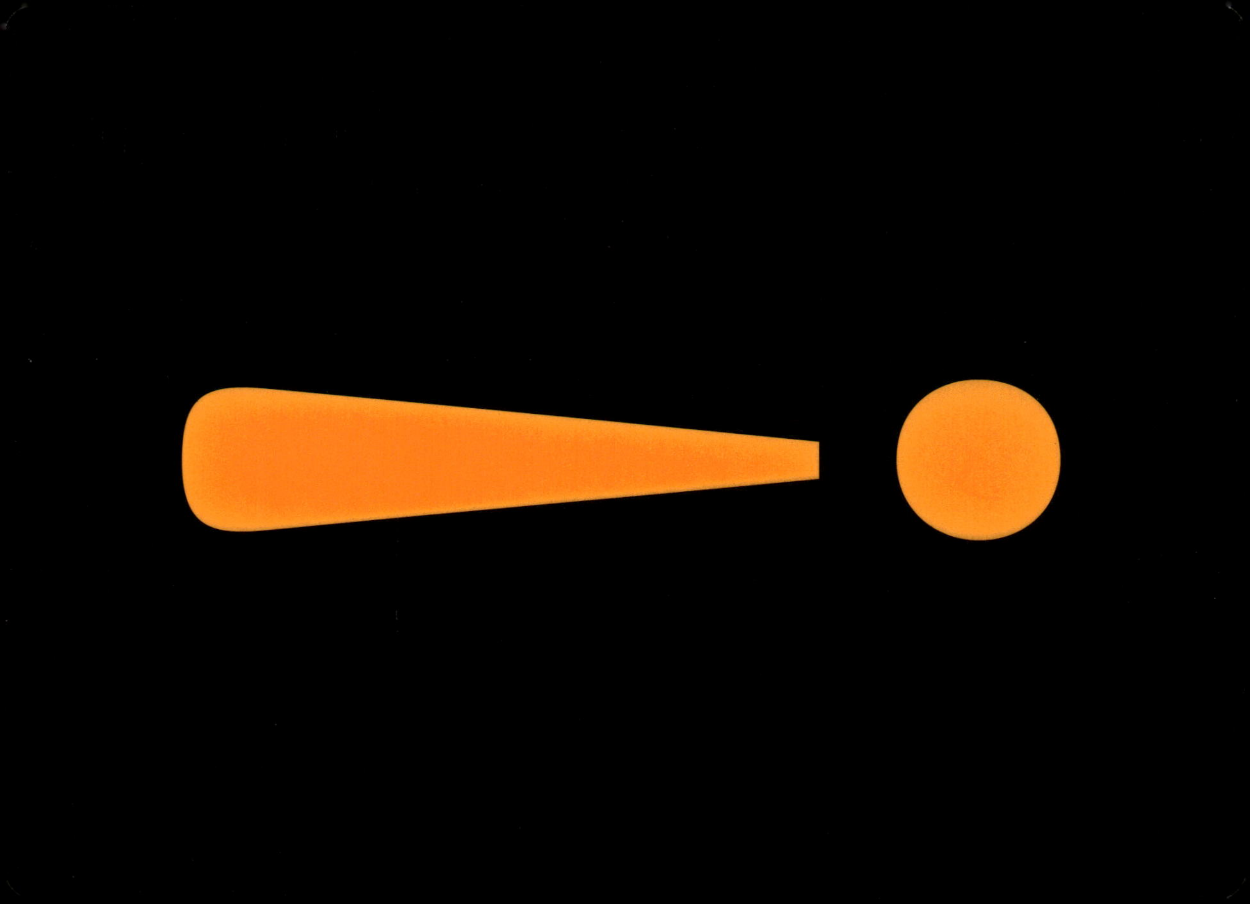

ja!

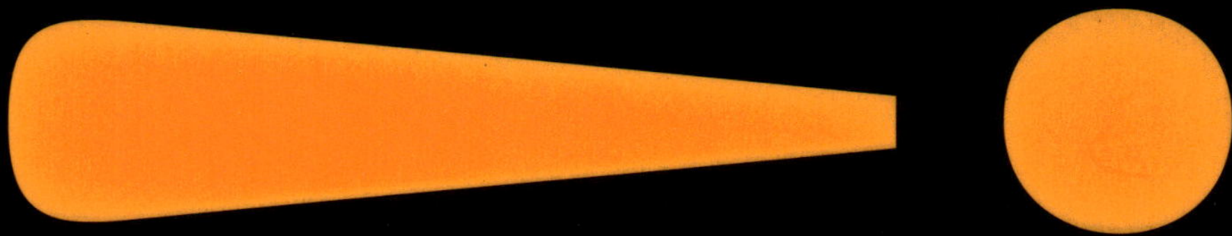

ja!

!

ja!

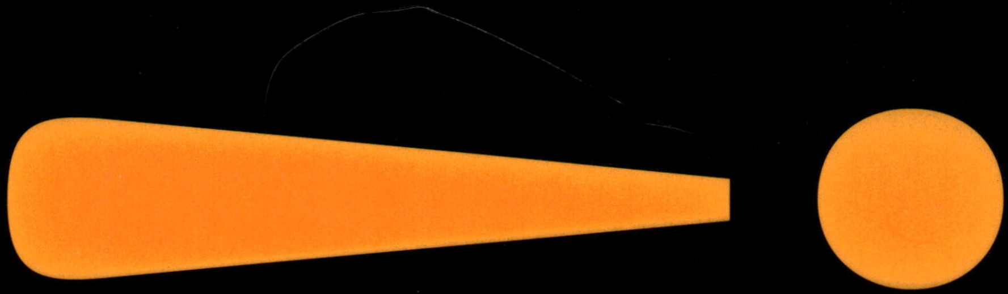